떠남의 축복

떠남의 축복

지은이 · 진재혁
초판 발행 · 2019. 2. 13
등록번호 · 제1988-000080호
등록된 곳 · 서울특별시 용산구 서빙고로 65길 38
발행처 · 사단법인 두란노서원
영업부 · 2078-3333 FAX080-749-3705
출판부 · 2078-3331

책 값은 뒤표지에 있습니다.
ISBN 978-89-531-3405-8　03230

독자의 의견을 기다립니다.
tpress@duranno.com　　http://www.Duranno.com

하나님과 함께 걷는
믿음의 여정

The Blessing of Leaving

떠남의 축복

진재혁 지음

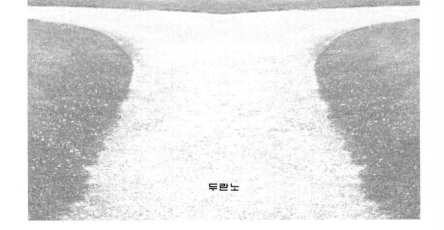

두란노

Contents

Prologue

이름만 얘기해도 확실하게 떠오르는 아이디어들이 있습니다. 세종대왕 하면 한글이 생각납니다. 이순신 장군 하면 거북선입니다. 펠레 하면 축구입니다. 아브라함 하면 무엇이 생각나십니까? 믿음, 아브라함 하면 믿음입니다. 성경은 아브라함을 '믿음의 조상'이라고 말합니다. 역사적으로도 아브라함은 유대교와 회교도 그리고 기독교인들에 이르는 믿음의 조상입니다. 야고보서는 그 아브라함에 대해 이렇게 말합니다.

그는 하나님의 벗이라 칭함을 받았나니 약 2:23

　　얼마나 주님과 가까웠으면 하나님의 친구, 하나
님의 벗이라고 칭함을 받았을까요? 마태복음 1장
1절에서도 아브라함이 등장합니다. 예수 그리스도의
족보를 언급하면서 가장 중요한 두 사람이 등장하는
데 그중 아브라함이 가장 먼저 나옵니다.

　　　　아브라함과 다윗의 자손 예수 그리스도의 계보라

　　　　마 1:1

　　창세기 12장 2절에서 하나님은 아브라함을 향해
"너는 복이 될지라"고 말씀하십니다. 아브라함은 위
대한 하나님의 사람이었으며 믿음의 조상이고 복의

근원이 된 사람입니다. 얼마나 놀라운 축복을 받은 사람인지 모릅니다.

그 때문인지 우리는 아브라함을 우리와 차원이 다른 사람으로 생각하는 경향이 있습니다. 아브라함이니까, 믿음이 워낙 좋으니까 그런 축복을 받을 만했다고 말입니다. 하지만 아브라함의 믿음의 여정을 살펴보면 그는 처음부터 믿음이 좋은 사람이 아니었습니다. 그가 믿음의 조상이 된 것은 믿음이 좋아서 된 것이 아닙니다. 오히려 믿음이 분명하지 않았을 때 하나님은 그를 복의 근원으로 삼아 축복하셨습니다.

저는 이 책에서 아브라함의 믿음의 여정 가운데 그에게 약속하신 하나님의 축복이 어떻게 이뤄지고

있는지, 하나님께서 약속으로 주신 축복의 삶으로 가는 믿음의 여정이란 어떤 것인지를 함께 살펴보고자 합니다.

오늘도 묵묵히 하나님 말씀에 순종하며 믿음의 여정을 걷는 이 땅의 수많은 동행자들에게 이 책이 큰 위로와 격려가 되길 소망합니다.

2019년 2월

진재혁

1장

—

믿음의 여정

—

믿음은
떠남에서
증명된다

"왜 목사님은 더 크고 좋은 교회로 옮겨 가면서 그것이 하나님의 뜻이라고 합니까?"

제가 지구촌교회 담임목사로 부임했을 때 많은 사람들에게 듣던 질문입니다. 사람들은 부름 받아 험한 곳이라도 기꺼이 주님의 뜻을 따라간 사람들의 길과 저의 길이 달라 보였던 모양입니다. 그럼에도 저의 지구촌교회 부임은 하나님의 부르심이었기에 당시 저는 사람들에게 "제가 정말 힘들고 어려운 곳에 가면서도 하나님의 뜻이라고 이야기하게 될 때가 있을 것입니다"라고 대답했습니다.

하나님의 부르심과 보내심을 받으면 우리는 그 방향이 어떠하든, 그 목적지가 어디든 순종으로 응답하게 됩니다. 오늘도 수많은 그리스도인들이 그런 순종의 길을 걸으며 하나님의 뜻을 발견하고 이야기하고 있습니다. 저 역시 그 순종의 여정에서 오늘 다시 한 사람의 그리스도인으로서 서게 되었습니다.

시간과 상황은 분명히 변했지만, 20대에 처음 지구촌교회의 인턴 전도사로 사역을 시작하던 때부터 담임목사로서 9년간의 사역을 마무리하고 다음 스텝을 위한 출발선에 서 있는 지금까지 저의 목회 철학과 궁극적인 삶의 목표는 변한 것이 없습니다. 그것은 성도들이 교회 공동체에서뿐 아니라 삶의 현장에서 하나님의 말씀을 따라 사는 것입니다. 이는 장소가 어디든, 시대가 언제이든 보편 교회의 성도라면 누구나 지향하는 삶의 방식입니다.

하나님은 유명 교회나 유명 목사가 아닌 '성도가 훌륭한 교회'를 원하십니다. 성도가 주님의 마음으로 사람들을 돌보고 소통하며 진솔한 마음을 나누는 것, 그럼으로써 사람들의 마음에 감동을 주고 세상을 변화시키는 것, 이것을 원하십니다. 이렇게 세상을 변화시키는 성도들을 세우기 위해 교회는 언제나 주님이 원하시는 모습으로 이 땅에 존재해야 합니다.

그래서 스스로 질문해 봅니다. 주님이 원하시는 교회, 주님이 사랑하시고 주님이 축복하시며 주님이 인정하시는 교회를 위해 내가 할 수 있는 일은 무엇일까? 이 질문은 제가 처한 상황이나 환경과 상관없이 처음부터 제 사역의 동기이며 원동력이었습니다. 모든 것이 편안하던 미국 땅을 떠나 선교사로서 아프리카 케냐로 간 것도, 그곳에서 나이로비 국제선교교회를 개척한 것도 이 질문에 답하기 위한 여정이었습니다. 그리고 이것은 사실 목회자로서 가장 안정적이고 편안한 이때, 교회 곳곳에서 저의 목회 비전이 열매를 맺고 있는 이때, 제가 다시 선교사가 되어 아프리카 케냐로 가는 이유이기도 합니다.

세상이 변화되는
원리

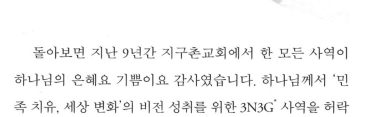

돌아보면 지난 9년간 지구촌교회에서 한 모든 사역이 하나님의 은혜요 기쁨이요 감사였습니다. 하나님께서 '민족 치유, 세상 변화'의 비전 성취를 위한 3N3G* 사역을 허락해 주시고 이를 이뤄 가시며 지구촌교회가 한국 교회와 우

---

* 민족치유를 위한 3N: North Korea(북녘 땅을 향한 하나님의 계획), Next Generation(다음세대를 위해), New Family(변화하는 사회속의 다양한 가족들을 품고 섬기는 사역)

세상변화를 위한 3G: Great Commission(지상대명령인 선교/전도), Global Church(세계교회를 향한 섬김과 나눔/영향력), Godly Leaders(경건한 리더들)

리 사회에 축복의 통로가 되게 하셨습니다. 뿐만 아니라 성도들이 더 깊이 사랑하고 기도하게 함으로써 서로 합력하여 이 일을 이뤄 가도록 하셨습니다.

지금 지구촌교회는 우리가 속한 교단에서 가장 많은 선교사를 파송하고 지원하는 교회가 되었습니다. 여름이면 국내외 4500명 이상의 지체들이 나가서 복음을 전하고 있습니다. 가을이면 블레싱(Blessing) 축제를 열고 이웃을 초청해 복음을 나누고 있습니다. 12개의 사회복지기관을 통해 이웃을 돌보고 섬기고 있습니다. 그리고 앞으로도 민족 치유와 세상 변화를 꿈꾸며 한 발 한 발 나아갈 것입니다.

그런데 민족이 치유되고 세상이 변화되는 원리는 무엇일까요? Great Commission, 하나님은 하나님의 복음으로 세상을 변화시키십니다. Global Church, 하나님의 교회를 통해서 세상을 변화시키십니다. Godly Leaders, 하나님의 사람들을 통해서 세상을 변화시키십니다. 여기에는 반드시 우리의 헌신이 따릅니다. 우리의 헌신과 희생 없이는 하나님 나라가 이 땅에 세워질 수 없습니다. 그냥 슬로건이기만 해서는,

그냥 좋은 표어이기만 해서는 민족을 치유하고 세상을 변화시킬 수 없습니다.

저는 지난 세월 교회가 성도를 변화시키고 변화된 성도들이 민족을 치유하고 세상을 변화시키는 꿈을 꾸며 목회를 했습니다. 그리고 이제 아브라함이 하나님의 부르심을 받고 믿음의 여정을 떠난 것처럼, '민족 치유, 세상 변화'를 위한 비전의 도구가 되기 위해 제가 부름 받은 곳을 향해 다시 믿음의 여정을 떠나려 합니다. 이전에도 그랬지만, 제가 가진 것은 오직 복음, 오직 말씀뿐입니다.

진짜 교회의
모습

　세상 변화는 누구나 꿈꾸는 소망입니다. 하지만 정치가 바뀌어도, 경제가 좋아져도, 교육이 바뀌어도 세상을 바꿀 수는 없습니다. 세상의 소망이 되시는 예수 그리스도, 세상을 향한 그 복된 소리, 그리스도의 십자가와 부활의 메시지만이 세상을 변화시킬 수 있습니다. 복음에 능력이 있습니다. 복음이 생명입니다. 복음이 변화시킵니다. 복음이 새롭게 합니다. 복음이 치유합니다. 복음이 생명을 줍니다.

전에 케냐에서 섬길 때, 저희 아이들이 케냐에서 잘 적응하는 모습이 한편으로 감사하면서도 한편으로 아빠로서 안타까운 마음이 들기도 했습니다. 지금 보고 있는 세상이 다가 아니라고, 이보다 더 위대하고 훌륭하고 놀라운 세상이 있다는 것을 알려 주고 싶었습니다. 그래서 사역을 마치고 케냐에서 미국으로 돌아왔을 때 가장 먼저 한 일이 디즈니월드에 간 것이었습니다. 케냐에서는 경험하지 못한 세상을 맛보게 하고 싶었던 것입니다.

디즈니월드에 들어가니 아프리카 섹션, 유럽 섹션, 아시아 섹션 등으로 나뉘어 있는데, 사람들이 우르르 몰려가는 곳을 따라 우리도 가 보았습니다. 거기엔 로봇 동물들이 있었습니다. 로봇 코끼리가 물을 뿜고 로봇 악어가 입을 벌리고 로봇 사자가 울음소리를 냈습니다. 바로 아프리카 섹션이었습니다. 사람들은 그 모습을 보고 열광하는데 우리는 몹시 실망스러웠습니다. 방금 전까지 집에서 조금만 나가면 볼 수 있는 것이 사자와 코끼리, 얼룩말, 기린들이었습니다. 그것도 로봇이 아닌 살아 있는 동물들이었습니다. 그런데 이런 가짜 동물들을 보자고 그 비싼 돈을 내고 여기에 왔나 싶어 우리는 몹시 실망했습니다.

그때 생각했습니다. 하나님의 교회, 화려하고 웅장할 수 있습니다. 그 모습을 보고 사람들이 몰려올 수 있습니다. 하지만 그것은 진짜가 아닙니다. 살아 있지 않아요. 능력이 없어요. 움직일 수 없어요. 변화를 가져오지 못해요. 사람들을 즐겁게 할 뿐입니다. 세상을 변화시키고 음부의 권세를 이기고 천국의 열쇠로 열고 푸는 능력의 교회, 그것이 진짜 교회입니다. 주님의 교회입니다.

성경은 화려하고 웅장해서 사람들의 관심을 끄는 교회가 아니라 복음의 능력이 살아 있는 주님의 교회를 세우라고 말씀하고 있습니다.

전에 케냐에서 사역할 때 멜랍이라는 아주 가난한 자매가 있었습니다. 남편은 탄자니아로 일하러 가고 자매 혼자 아이들을 키웠는데, 남편이 돈을 제대로 보내 주지 않아 도무지 집이라고 할 수 없는 곳에 살고 있었습니다. 그런데 자매는 토요일이면 교회에 와서 교회 의자를 청소했습니다.

떠남의 축복

물걸레를 가져와서 150여 개 되는 교회 의자를 하나하나 열심히 닦았습니다. 하루는 제가 왜 그러느냐고 물었더니 자매가 이렇게 말했습니다.

"목사님, 저는 헌금할 것이 없습니다. 아무것도 드릴 것이 없습니다. 제 몸밖에 드릴 것이 없어서 토요일마다 의자를 닦고 있습니다."

자매는 매주 교회 의자를 청소함으로써 최선의 헌금을 한 것이었습니다.

어느 날 기도하다 문득 이 자매가 생각나서 그렇다면 내가 드릴 수 있는 최선의 헌금, 최선의 헌신은 무엇일까를 스스로 묻게 되었습니다. 그리고 성경 속에서 그런 헌신의 모본을 보인 인물을 찾아 그의 한 걸음 한 걸음을 좇아가야겠다고 다짐했습니다. 그때 제일 먼저 생각난 이가 믿음의 조상 '아브라함'이었습니다.

아브라함은 우리가 곧잘 '믿음의 조상'이라고 부르지만, 그의 믿음은 항상 떠남의 자리에서 증명되었습니다. 감히 그의 삶이 나와 같다고 말할 순 없지만, 그의 믿음의 여정을 되짚어 보고 한번 따라가 보는 것만으로도 지금 나의 순종이 하나님을 좀 더 기쁘시게 할 것이라는 생각이 들었습니다. 그래서 그를 좇는 묵상의 여정을 떠나려 합니다.

마땅히 해야 할 일과
하고 싶은 일이
같을 수 있다면

행복한 사람입니다.

그리고 그 일을
마지막까지 행할 수 있다면

복된 인생입니다.

2장

—

떠남의 축복

—

떠남은
은혜의
시작점이다

창세기 11장에는 아브라함과 하나님의 첫 번째 만남이 그려져 있습니다. 하나님께서 아브라함을 향해 "너는 너의 고향과 친척과 아버지의 집을 떠나 내가 네게 보여 줄 땅으로 가라"(12:1)고 말씀하심으로 첫 만남이 성사되었습니다. 하나님은 아브라함에게 그의 친숙함, 편안함, 안락함으로부터 낯섦, 불편함, 막연함을 향해 "떠나라"고 말씀하신 것입니다. 하나님의 명령 앞에 선 아브라함, 그는 하나님의 명령을 어떻게 이해했을까요? 그의 '떠남'은 과연 어떤 떠남이었을까요? 그리고 그는 이 하나님의 요구에 대해 어떻게 반응했을까요? 떠남보다는 안주하고 누리기에 익숙한 우리에게 오늘 하나님은 떠나는 삶을 이야기하십니다. 우리는 그 명령에 어떻게 반응해야 할까요?

은혜로 떠남
: By Grace

아브라함은 창세기 11장 26절에서 처음으로 등장합니다.

데라는 칠십 세에 아브람과 나홀과 하란을 낳았더라

창 11:26

아브라함의 아버지 데라의 계보를 언급하면서 아브라함
이 처음으로 등장한 것입니다. 아브라함의 아버지 데라에 대해서는 여호수아서 24장에 언급되어 있습니다.

> 아브라함의 아버지, 나홀의 아버지 데라가 강 저쪽에 거주
> 하여 다른 신들을 섬겼으나 수 24:2

아브라함의 아버지 데라가 다른 신들을 섬겼다고 합니다. 아브라함이 믿음의 명문가에서 태어났기에 믿음의 조상이 된 것이 아니라는 겁니다. 도리어 그의 아버지는 우상을 섬기던 자였습니다. 그런 아브라함에게 어느 날 하나님께서 놀랍고도 엄청난 축복을 약속하십니다.

> 내가 너로 큰 민족을 이루고 네게 복을 주어 네 이름을 창
> 대하게 하리니 너는 복이 될지라 너를 축복하는 자에게는
> 내가 복을 내리고 너를 저주하는 자에게는 내가 저주하리
> 니 땅의 모든 족속이 너로 말미암아 복을 얻을 것이라 하신
> 지라 창 12:2-3

하나님은 도대체 아브라함의 무엇을 보고 이처럼 놀라운 축복을 약속하신 걸까요? 성경 어디를 찾아봐도 그 근거가 될 만한 것이 없습니다. 성경은 하나님께서 아브라함에게 이렇게 놀라운 축복이 약속된 이유에 대해 아무런 언급이 없습니다. 도리어 그의 아버지는 우상을 섬기던 자라 말씀하고 있습니다.

그렇다면 그 이유는 '하나님의 은혜', 이것밖에는 설명할 도리가 없습니다. 아브라함이 뛰어나서도 믿음이 좋아서도 믿음의 명문가여서가 아니라, 아브라함은 하나님의 은혜로 이 같은 축복을 약속 받았습니다.

> 내가 너희의 조상 아브라함을 강 저쪽에서 이끌어 내어
>
> 수 24:3

하나님께서 아브라함을 강 저쪽, 즉 우상을 섬기던 그 아비의 땅에서 이끌어 내었다고 말씀하십니다. 하나님이 아브라함을 선택해서 부르시고 은혜 가운데 아비의 땅에서 떠나

게 하셨다는 것입니다. 그러니까 아브라함의 떠남은 하나님의 은혜의 시작을 의미합니다. 창세기 17장 5절에 이르면 하나님께서 아브라함의 이름을 바꿔 주십니다. 아브람에서 아브라함으로 바꿔 주십니다. 이는 '열국의 아버지'라는 뜻으로 아브라함을 믿음의 조상이 되게 하겠다는 약속입니다.

우리의 삶 가운데에도 하나님께서 은혜를 베푸셨습니다. 그 은혜를 받을 자격이 아무리 눈 씻고 봐도 없지만 하나님께서 선택하시고 부르시고 축복하시며 은혜를 베푸셨습니다. 그리고 우리에게도 떠나라고 말씀하십니다. 이 떠남은 하나님이 은혜를 베푸시는 시작점입니다. By Grace, 은혜로 떠남입니다. 때문에 떠남은 은혜의 시작이기도 합니다.

믿음으로 떠남

: In Faith

여호와께서 아브람에게 이르시되 너는 너의 고향과 친척과
아버지의 집을 떠나 내가 네게 보여 줄 땅으로 가라 창 12:1

하나님께서 보여 줄 땅으로 가라고 명령하십니다. '보여
준'이 아니라 '보여 줄' 땅입니다. 아브라함은 아직 그 땅을
보지 못했다는 것입니다. 이에 대해 히브리서 기자는 이렇
게 말하고 있습니다.

> 믿음으로 아브라함은 부르심을 받았을 때에 순종하여 장
> 래의 유업으로 받을 땅에 나아갈새 갈 바를 알지 못하고 나
> 아갔으며 히 11:8

'갈 바를 알지 못했으나' '나아갔다'고 합니다. 성경은 이를 두고 믿음이라고 말하고 있습니다. 이미 보여 준 땅으로 떠나는 것도 순종이며 쉽지 않은 결단입니다. 하지만 아직 본 적도 없는 땅을 향해 떠나는 것은 '믿음'입니다. 이 믿음은 어떻게 생긴 겁니까?

아비의 집을 떠나라고 명령한 그분을 '아는' 믿음입니다. 놀라운 약속을 하시는 그분을 '신뢰하는' 믿음입니다. 갈 바도 모르고 가야 할 땅도 모르지만 하나님을 알기에 나아갈 수 있는 겁니다. 영광의 하나님이 그에게 나타나셨기에 아브라함은 그분을 보았습니다. 하나님을 보는 믿음의 눈을 가졌기에 아브라함은 믿음의 모험을 할 수 있었습니다.

켄이라는 목사님은 유명한 교회의 잘나가는 부목사였습니다. 리더십도 있고 말씀도 좋은 그를 사람들이 입을 모아

떠남의 축복

칭찬했습니다. 마침내 개척하기로 결심했을 때, 꽤 많은 사람들이 함께할 것을 약속했고, 모교회도 물질적 지원은 물론 기도로 후원해 주었습니다. 실제로 처음 예배에 500명이 모였습니다. 모두가 이 교회는 분명히 크게 성장할 것이라고 기대하고 응원했습니다. 하지만 몇 주 후 500명이던 교인은 250명이 되었습니다. 또 몇 주 지나자 100명이 되었고 얼마 안 돼 켄 목사님의 가족을 비롯한 몇 명만이 남게 되었습니다.

이보다 더 좋은 조건으로 출발하기 어려울 만큼 모두의 기대를 한몸에 받고 시작한 교회가 왜 몇 달 사이에 이토록 썰렁해졌는지 목사님은 그 이유를 도무지 알 수 없었습니다. 어느 날 밤 목사님이 너무 힘들고 지쳐서 아내에게 "여보, 난 믿음이 뭔지 모르겠어. 난 믿음이 없는 것 같아. 믿음이 사라진 것 같아"라고 하소연했습니다. 그러자 아내가 안타까운 마음으로 이렇게 말했습니다. "괜찮아요. 내가 우리 두 사람 몫의 믿음을 가지고 있으니까 당신의 믿음이 조금 부족해도 돼요." 말은 이렇게 했지만 아내는 마음이 답답해서 하나님께 기도했습니다.

"하나님, 저도 믿음이 부족한데 어떻게 하면 좋습니까? 하나님이 그에게 은혜를 베풀어 주십시오."

그렇게 기도로 믿음을 구하며 주님 앞에 나아가자 그 가정과 교회에 변화가 일어나기 시작했습니다. 가장 연약해졌을 때, 가장 힘들고 어려웠을 때 하나님께 나아가자 하나님의 역사하심이 일어나기 시작했습니다. 그리고 마침내 교회는 다시 성장하여 하나님의 기쁨이 되는 믿음의 공동체가 되었습니다.

'떠남'은 하나님에 대한 믿음으로 시작되어야 합니다. 모든 조건이 다 갖춰져서 떠나는 것이 아닙니다. 그분의 약속을 믿음으로, 우리를 향한 그분의 계획하심을 믿음으로 우리는 갈 바를 모르지만 떠나야 합니다.

축복을 향한 떠남
: To Blessing

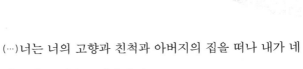

(…)너는 너의 고향과 친척과 아버지의 집을 떠나 내가 네
게 보여 줄 땅으로 가라 창 12:1

하나님은 아브라함에게 고향과 친척과 아버지의 집을
떠나라고 말씀하십니다. 고향은 본토 즉, 지금 정착해서 살
고 있는 곳입니다. 친척은 내가 맺고 있는 모든 인간관계를
의미합니다. 아버지의 집은 내가 안식을 누리는 모든 것입

니다. 나의 직업과 인간관계, 익숙하고 편안한 모든 것들로부터 떠나서 믿음의 모험을 하라고 말씀하신 것입니다.

그런데 왜 떠나야 합니까? 떠나지 않으면 변화할 수 없기 때문입니다. 떠나지 않으면 하나님의 역사 가운데 들어갈 수 없기 때문입니다. 정착하고 안착한 거기에 머물러 있으면 하나님의 은혜의 역사를 경험할 수 없기 때문입니다.

하나님의 약속을 믿음으로 떠날 때 우리는 비로소 온전히 하나님을 의지할 수 있습니다. 내가 의지했던 것들에서 떠나야 하나님만 바라고 의지할 수 있습니다. 그러므로 떠남은 하나님께 내 삶을 온전히 맡기는 것입니다.

때문에 이 떠남은 희생과 포기가 아닙니다. 축복의 땅을 향한 떠남이기에 그렇습니다. 축복의 땅에서 축복의 관계를 맺고 축복의 삶을 사는 것이기에 절대 희생이나 포기가 아닙니다.

그럼에도 오늘 떠나지 못하는 이유가 무엇입니까? 안일하게 붙잡고 의지하는 것이 무엇입니까? 믿음의 모험으로 나아가지 못하도록 발목을 잡는 것이 무엇입니까? 성경은 우리에게 말씀하고 있습니다. "떠나라." 부르심 자체가 은혜이며 떠남 자체가 축복인 '떠남'을 지금 당장 믿음으로 하라고 말씀하십니다.

제가 케냐 선교사로 떠날 때 부모님이 "너희 부부는 가더라도 아이들은 데려가지 말라"고 하셨습니다. 주변의 염려와 만류가 있으면 떠나기가 쉽지 않습니다. 여기 삶이 안락하고 편안하고 익숙하기에 막상 떠나기가 쉽지 않습니다. 아브라함의 아버지 데라도 하나님의 부르심을 받고 우르에서 떠났으나 하란에 머물렀습니다. 가나안을 향해 떠났으나 도중에 하란에서 안주해 버렸습니다.

그러나 하나님이 명령하신 '떠남'은 내가 가진 모든 소유를 그대로 지닌 채 더 살기 좋은 곳으로 떠나는 것이 아닙니다. 내가 가진 모든 소유와 관계, 익숙함과 안락함을 버리고 전혀 알 바를 모르는 곳으로 떠나는 것입니다. 그래야 축복의 땅을 봅니다. 하나님의 축복의 역사를 경험하게 됩니다.

믿음의 모험을 향해 떠남으로써 하나님의 축복의 땅을 경험할 수 있기를 바랍니다. 갈 바를 모르지만 믿음으로 떠나는 그 '떠남'으로 인해 복의 근원이 되는 우리가 되기를 바랍니다. 떠나라는 하나님의 명령에 순종함으로 하나님의 축복의 역사 한가운데에 설 수 있기를 바랍니다.

주의 부르심 따라(믿음의 모험)

주의 부르심 따라 나아갑니다
주의 말씀을 따라 나아갑니다
나의 삶을 드려 믿음의 모험 떠나리
오직 주만 바라며 믿음의 길을 가리

오라 하시니 나아갑니다
가라 하시니 떠나갑니다
주의 말씀 있는 곳 기적이 일어나네
주가 함께하시니 내겐 두려움 없네

장재기 작사/작곡

떠나감은 포기가 아닙니다.
떠나감이 '더' 나감이 될 수 있는 것은
떠나감이 축복이기 때문입니다.

3장

—

축복의 통로

—

축복은
막히지 않고
흘러야 한다

제가 가끔 가는 식당에서 계산을 하는데 식당 주인이 "목사님, 대접 받아서 좋으시겠습니다" 하고 인사를 했습니다. 그래서 "오늘은 제가 대접하는 겁니다" 했더니 그가 "목사님 복 받으시겠습니다"라고 답했습니다. 복 받으라는 말을 늘 하다가 도리어 듣게 되니 좀 낯설었습니다.

복, 축복, 우리가 매우 좋아하는 것입니다. 우리는 새해가 되면 서로에게 "새해 복 많이 받으세요"라고 인사합니다. 좋은 말이기 때문입니다. 그런데 '복 많이 받으라'는 말을 곰곰이 따져 보면 복의 주체가 사람에게 있지 않음을 알 수 있습니다. 복을 주는 주체가 따로 있습니다.

아브라함의 떠남은 하나님의 은혜로 인한 떠남입니다. 그것은 축복을 향한 떠남입니다. 오늘 하나님의 말씀은 축복을 향한 떠남, 그 떠남의 축복에 대해 말씀하고 있습니다.

떠남의 축복

축복의 근원
: From God

내가 너로 큰 민족을 이루고 네게 복을 주어 네 이름을 창
대하게 하리니 너는 복이 될지라 창 12:2

하나님께서 '내가 네게 복을 주겠다'고 말씀하십니다. 이
복은 수고하고 노력해서 얻어지는 것이 아닙니다. 하나님의
은혜로 주시는 것입니다. "네 이름을 창대하게 하리라"에서
'창대하다'는 단순히 많고 큼을 의미하지 않습니다. 인생 전

체에서 정말 의미 있고 중요한 삶의 모습을 의미합니다. 하나님의 축복은 세상이 말하는 복과 다릅니다.

아브라함의 이야기가 본격적으로 시작되기 전 창세기는 바벨탑 사건을 기술하고 있습니다. 사람들이 자기의 성공을 뽐내기 위해 탑을 쌓으면서 수고하는 장면입니다.

> 또 말하되 자, 성읍과 탑을 건설하여 그 탑 꼭대기를 하늘에 닿게 하여 우리 이름을 내고 온 지면에 흩어짐을 면하자 하였더니 창 11:4

바벨탑을 쌓는 목적이 자기 이름을 내기 위해서였습니다. 사람들은 하늘에 닿도록 탑을 높이 쌓아서 자기 힘을 과시함으로써 그 이름을 높이고 싶었습니다. 그러자 하나님께서 이들을 모두 흩으셨습니다. 언어를 혼잡하게 해서 서로 소통하지 못하게 하셨을 뿐 아니라 온 지면에 흩으셔서 더 이상 바벨탑을 쌓는 헛수고를 하지 못하게 하셨습니다.

바벨탑 사건이 있은 직후에 등장하는 인물이 아브라함

입니다. 그때까지 아브라함은 별 볼 일 없던 사람입니다. 그런데 하나님께서 은혜로 그를 부르셔서 축복하셨습니다. 그 축복의 내용 중 하나가 '네 이름을 창대하게 하겠다'입니다. 바벨탑을 쌓던 사람들의 열망도 자기 이름이 창대해지는 것이었습니다. 그러나 사람이 스스로 노력해서 만든 창대함은 온전하지 않습니다. 영원하지 않습니다. 사람들과 소통하지 못하고 혼란만 가중시킬 뿐입니다.

복의 근원은 하나님이십니다. 그 하나님이 우리의 이름을 창대케 하시면 그 이름은 영원합니다. 온전합니다. 우리 자신도 복의 근원이 되어 사람들에게 복을 전하게 됩니다. 그 이름은 예수 그리스도를 따르는 주님의 자녀입니다.

> 너를 축복하는 자에게는 내가 복을 내리고 너를 저주하는 자에게는 내가 저주하리니 (…) 창 12:3

첫 번째 저주와 두 번째 저주는 뜻이 다릅니다. 첫 번째 저주는 히브리어로 '멸시나 무시'로 번역하는 것이 더 적절

합니다. 그러니까 우리를 멸시하고 무시하는 사람을 하나님께서 저주하시겠다는 겁니다. 하나님은 우리가 그분의 축복의 풍성함을 누리도록 늘 함께하시겠다고 약속하십니다. 그런 우리로 인해 '땅의 모든 족속이 복을 얻겠다'고 하십니다.

최근에 정말 힘들고 어려운 병으로 인해 주일예배에 참석하지 못한 분이 제게 문자를 보내셨습니다. "목사님, 제가 처음으로 영상으로 예배를 드렸습니다. 비록 몸이 아파 교회에 나가 예배를 드릴 수 없지만, 영상으로라도 하나님 앞에 나아갈 수 있다는 사실이 얼마나 큰 축복인지요." 세상 사람들은 이분이 말한 축복을 이해할 수 없을 것입니다. 병중에 있는 것이 어떻게 축복이냐고 할 것입니다. 하지만 우리는 우리와 함께하시는 하나님으로 인해 그 축복을 누립니다. 이분이 말한 축복이 무엇인지 잘 압니다.

우리에게 생명을 주시고 소망을 주시고 능력을 주시는 하나님이 복의 근원임을 믿는 우리에게 축복이 있습니다.

축복의 통로

: Through you

(…)땅의 모든 족속이 너로 말미암아 복을 얻을 것이라 하

신지라 창 12:3

'너로 말미암아'는 '너를 통하여, 너 때문에, 너로 인하여'
입니다. 너 때문에 이 땅의 모든 족속이 복을 얻을 것이라고
말씀하십니다. 축복의 근원은 하나님인데, 그 하나님을 믿
는 우리가 그 축복의 통로가 되는 것입니다.

내가 너로 큰 민족을 이루고 네게 복을 주어 네 이름을 창
대하게 하리니 너는 복이 될지라 창 12:2

"너는 복이 될지라"고 하십니다. 영어성경(NIV)은 "and so
you shall be a blessing"이라고 번역하고 있습니다. 'and so'는
'그래서, 그러므로'입니다. 따라서 이 문장 앞이 이유에 해당
하는 문장이 됩니다. "내가 네게 복을 주어 네 이름을 창대
케 하리니"가 그 이유입니다. 그리고 will이 아니라 shall을 사
용했습니다. shall은 미래를 의미할 뿐 아니라 강한 의지를
드러내는 단어입니다. 그러므로 이 구절을 좀 더 정확하게
번역하면 '네게 복을 주어 네 이름을 창대케 하리니 그러므
로 너희는 복이 되어야 할지니라'가 됩니다. 우리는 하나님
의 축복이 되어야 합니다. 그 하나님의 축복을 나누는 통로
가 되어야 합니다.

아브라함의 자손 예수 그리스도의 십자가를 통해 모든
민족이 하나님을 아바 아버지라 부르는 구원을 받게 되었습
니다. 그러므로 이 말씀의 성취는 예수 그리스도입니다.

통로는 과정이지 결말이 아닙니다. 어느 부분이 막혀서도 안 됩니다. 아브라함 때문에, 아브라함으로 인하여 시작된 하나님의 축복은 다시 우리 때문에, 우리로 인하여 계속해서 베풀어지고 있습니다. 그런데 그 근원은 하나님입니다. 하나님의 축복을 경험한 사람은 그 축복을 나눌 수밖에 없습니다.

성경적인 가정은 하나님의 축복의 통로여야 합니다. 성경적인 교회는 하나님의 축복을 세상에 흘려보내는 통로여야 합니다. 그리스도인은 하나님의 축복을 경험함으로 기뻐하며 감사할 뿐 아니라 이를 세상 사람들에게 흘려보내는 복의 통로가 되어야 합니다. You shall be a blessing, 우리는 모두 축복의 통로가 되어야 합니다.

지난여름, 우리 교회는 국내 전도 프로그램인 '블레싱 강원'을 떠났습니다. 얼마나 더운지 꼼짝도 하기 싫은 살인적인 더위에도 불구하고 우리는 복음을 들고 거리로 나갔습니다. 이유는 한 가지입니다. 복의 통로가 되기 위해서입니다. 우리가 받은 하나님의 축복을 흘려보내기 위해서입니다.

'블레싱 강원'은 어르신들에게 3종 선물 세트를 안겨 드렸습니다. 먼저 마사지입니다. 70~80평생 동안 한 번도 교회에 와 본 적 없던 어르신들이 마사지를 받기 위해 예배당에 누우셨습니다. 한 사람이 얼굴을 마사지하는 동안 다른 한 사람이 복음을 전합니다. 이미 얼굴을 맡겨 놨으니 어르신들은 꼼짝없이 복음을 들어야 합니다. 다음 코스는 파마입니다. 이때도 한 사람이 파마하는 동안 다른 한 사람이 복음을 전합니다. 그리고 말끔하게 단장한 어르신들의 사진을 찍고 액자에 담아 선물로 드립니다. 축복의 블레싱 선물 세트인 것입니다.

하나님께서 우리에게 축복을 베푸신 이유는 그 축복을 우리만 누리고 말라는 게 아닙니다. 그 축복은 우리를 통해 세상 사람들에게 흘려보내기 위해 주신 것입니다. '모든 족속'에 이르도록 흘려보내라고 주신 것입니다.

가정에서 축복의 통로가 되고 있습니까? 직장에서 축복의 전령으로서의 역할을 다하고 있습니까? 당신 때문에, 당신으로 인해 가족이, 직장 동료가 하나님을 만나고 있습니까? 당신의 섬김과 헌신을 보고 그들이 하나님을 보고 있습니까? 우리는 과연 어떻게 해야 복의 통로가 될 수 있습니까?

첫째는 축복의 소리(복음)를 전달해야 합니다. 하나님이 우리를 사랑하신다는 것, 그것도 십자가에서 자기 생명을 내어 주시기까지 사랑하신다는 것, 그 사랑이 우리의 생명이요 구원이라는 사실을 전해야 합니다. 오랫동안 알고 지냈으나 단 한 번도 복음을 전한 적 없는 사람이 있습니까? 하나님께서 우리에게 축복의 통로로서 살라고 명령하셨음을 잊지 말아야 할 것입니다.

둘째는 축복의 행동(사랑)을 해야 합니다. 우리의 용서함을 통해 용서하시는 하나님을 보여 주는 것입니다. 우리의 긍휼을 통해 긍휼을 베푸시는 하나님을 보여 주는 것입니다. 우리의 인내를 통해 인내하시는 하나님을 보여 주는 것입니다. 우리의 친절함을 통해 그들을 향한 하나님의 사랑을 알려 주는 것입니다. 우리를 통해 하나님을 만나고 보고 느끼는 것, 이것이 곧 축복의 통로로 사는 길입니다.

2차 세계대전 때 프랑스에는 전쟁고아가 무척 많았습니다. 어느 이른 아침, 그 마을에서 유일하게 존재하는 빵 가게 창으로 김이 모락모락 나는 모습을 한 어린아이가 지켜보고 있었습니다. 돈이 없어 사 먹을 수는 없고 빵 굽는 구경이라도 하고 싶어 창문에 얼굴을 붙이고 뚫어져라 보고 있었습니다. 그 모습을 지나가던 군인이 발견하고는 빵을 사서 소년에게 내밀었습니다. 소년은 너무 놀라 무슨 말을 해야 할지 모르다가 자기도 모르게 떨리는 목소리로 이렇게 말했습니다.

"Mister, Are you God?"(하나님인가요?)

우리가 사랑을 베풀 때, 우리가 용서하고 인내하고 친절을 베풀 때, 사람들은 하나님을 보게 됩니다. '아 하나님의 사랑이란 이런 것이구나' 하고 알게 됩니다.

우리 모두가 삶의 터전에서 하나님의 축복을 흘려보내는 통로가 되기를 바랍니다. 우리 삶이 하나님의 축복의 종착점이 되지 않도록 복음을 힘써 입으로 전하고 삶으로 전하기를 바랍니다. 우리로 인해, 우리 때문에, 하나님의 축복이 이 세상 가운데 충만하기를 바랍니다. 축복의 근원 되신 하나님의 이름이 높아지고 모든 족속이 축복의 하나님 앞에 나아오는 그날까지 우리의 믿음의 여정이 축복의 통로가 되기를 바랍니다.

Lord, please don't stop working in us
until you see that we can be all
that you want us to be!

주님, 우리가
주님께서 원하시는 모습으로
변화하기까지
우리 안에서 일하시옵소서!

4장

깨닫는 축복

축복의
땅에도
고난이 있다

별 볼 일 없던 아브라함을 하나님께서 은혜 가운데 부르셔서 너의 고향과 친척과 아버지의 집을 떠나라고 말씀하십니다. 그리고 축복의 근원되시는 하나님의 축복의 통로로 살라고 명령하십니다. 이에 대해 아브라함은 믿음으로 순종했습니다.

> 이에 아브람이 여호와의 말씀을 따라갔고(⋯)
>
> 창 12:4

마침내 가나안 땅에 들어가자 하나님께서는 "내가 이 땅을 네 자손에게 주리라"고 다시 한 번 축복의 약속을 하십니다. 아브라함은 그 하나님을 찬양하며 제단을 쌓고 감사를 드렸습니다.

> (⋯)그가 그곳에서 여호와께 제단을 쌓고 여호와의 이름을 부르더니(창 12:8)

아브라함이 하나님의 이름을 불렀습니다. 하란에서 가나안 땅에 이르는 긴 여정 끝에 마침내 약속의 땅 가나안에 도착한 아브라함은 감격과 기쁨과 감사의 마음을 주체하지 못하고 하나님의 이름을 부르며 감사예배를 드렸습니다.

그런데 13장에서 아브라함이 여호와의 이름을 부르며 예배를 드리는 장면이 또 한 번 등장합니다.

> 그가 처음으로 제단을 쌓은 곳이라 그가 거기서 여호와의 이름을 불렀더라 창 13:4

아브라함의
두 가지 위기

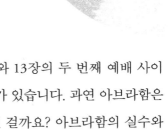

　　창세기 12장 첫 번째 예배와 13장의 두 번째 예배 사이
에는 아브라함의 실수와 실패가 있습니다. 과연 아브라함은
어떤 실수와 어떤 실패를 했던 걸까요? 아브라함의 실수와
실패는 다음과 같은 두 가지 주변 환경 때문에 일어난 것이
었습니다.

기근

그 땅에 기근이 들었으므로 아브람이 애굽에 거류하려고
그리로 내려갔으니 이는 그 땅에 기근이 심하였음이라

창 12:10

그 땅에 기근이 임하였습니다. 그 땅은 어떤 땅입니까?
가나안 땅입니다. 하나님이 약속하신 땅입니다. 젖과 꿀이
흐르는 축복의 땅입니다. 하나님이 축복하신 약속의 땅인데
어떻게 기근이 온단 말입니까?

가나안 땅에 임한 기근으로 인해 아브라함의 마음이 몹
시 복잡했을 것입니다. 하나님을 원망하고 불평하는 마음도
있었을 것이고 한편으로 기근을 피할 방법이 없으면 어쩌
나, 생존이 걸린 이 문제를 어떻게 해결해야 하나 불안하고
근심되고 혼란스러웠을 것입니다.

아브라함은 가나안 땅에 도착해서 제단을 쌓고 감사와
찬양의 예배를 드렸습니다. 그런데 그 땅에 기근이 임하자

떠남의 축복

아브라함은 그 땅을 버리고 애굽으로 내려갔습니다. 먹을거리를 구하기 위해 애굽에 내려가는 것은 충분히 있을 수 있는 일입니다. 그런데 아브라함은 그 때문이 아니라 애굽에 거류하려고 가나안 땅을 떠났습니다. '거류하다'는 단순한 방문이 아닙니다. 한동안 거기에 살고자 하는 의지가 담겨 있습니다.

아브라함은 하나님이 약속하신 축복의 땅에 닿기만 하면 지금까지 겪은 모든 어려움이 사라질 것이라고 생각했을 것입니다. 꽃길만 걷게 될 것이라고 기대했을 것입니다. 그런데 세상에, 그 약속의 땅에 기근이 임하다니요.

오늘 우리는 하나님이 축복하신 땅에도 고난이 있다는 걸 배웁니다. 그런데 하나님은 왜 이런 고난을 주시는 겁니까? 하나님은 아브라함을 이 기근으로 인해 하나님만 의지하는 믿음의 학교에 입학시키고 싶으셨습니다. 내 힘을 믿지 않고 하나님만 의지하고 믿는 믿음의 삶을 가르치기 위해 하나님은 약속의 땅에 기근을 허락하셨습니다.

하지만 아브라함은 하나님의 기대와는 다른 방향으로

나아갔습니다. 그의 실패는 여기에서 비롯됩니다. 아브라함은 내 힘으로 어쩌지 못하는 기근을 만났을 때 애굽으로 내려갔습니다. 가나안보다 훨씬 기름진 애굽에 자신의 삶을 의탁하기 위해서입니다. 위기가 닥쳤을 때, 고난 가운데 있을 때 하나님만 바라보고 의지해야 하는데 아브라함은 인간적인 방법을 먼저 찾았습니다.

지금 경제적인 어려움을 겪고 있습니까? 아무리 해도 해결할 수 없는 문제가 있습니까? 하나님의 말씀을 따라 결단하여 지금까지 왔건만 고난을 받아 고통스럽습니까?

인내를 온전히 이루라 이는 너희로 온전하고 구비하여 조금도 부족함이 없게 하려 함이라 약 1:4

아브라함은 믿음으로 자기의 소유를 모두 버리고 길을 떠났지만, 여전히 자기 생각과 자기 지혜, 자기 방법이 남아 있었습니다. 그것은 기근이라는 위기를 만나자 여실히 드러났습니다. 하나님만 의뢰하지 않고 약속의 땅을 떠나 애굽

떠남의 축복

에 거류하려고 내려간 것입니다. 믿음의 학교는 모든 것을 공급하시는 하나님만 바라보고 의지하며 나아가는 곳입니다. 여전히 자기 의가 많은 아브라함에게 필요한 곳입니다. 인내를 온전히 이룸으로써 조금도 부족함이 없도록 하기 위해 하나님은 아브라함에게 믿음의 학교를 준비시켜 주셨습니다.

지금 인생의 기근을 경험하고 있습니까? 하나님이 준비하신 믿음의 학교에 입학하셨음을 잊지 마시기 바랍니다.

위협

기름진 땅 애굽은 그렇게 만만한 곳이 아니었습니다. 낯선 땅에서 아브라함은 목숨의 위협을 느끼게 되었습니다. 그의 아내 사라가 너무 아름다워서 그 땅 사람들이 사라를 차지하려고 자기를 죽일지도 모른다는 두려움에 사로잡혔습니다. 그래서 생각해 낸 것이 속임수입니다.

원하건대 그대는 나의 누이라 하라 그러면 내가 그대로 말
미암아 안전하고 내 목숨이 그대로 말미암아 보존되리라

창 12:13

아브라함은 사라더러 자신을 남편이라 하지 말고 오빠
라고 부르라고 합니다. 남매지간이라고 속이자는 것입니다.
그런데 사실 사라는 아브라함의 이복누이이므로 오빠라 해
도 틀린 말은 아니었습니다. 하지만 아브라함이 누구입니
까? 믿음의 조상이라 불리는 사람이 아닙니까? 자기 소유
를 다 버리고 고향과 친척을 떠나 하나님이 지시하신 땅으
로 과감히 떠난 믿음의 사람이 아닙니까? 그런 아브라함이
자기 목숨 하나 건사하려고 이토록 치사하고 연약한 모습을
보이고 있습니다.

아브라함의 상태가 어떠한지 잠언의 말씀은 분명히 지
적하고 있습니다.

사람을 두려워하면 올무에 걸리게 되거니와 여호와를 의

지하는 자는 안전하리라 잠 29:25

하나님을 의지하지 못해 애굽으로 거류하기 위해 떠나
온 아브라함입니다. 하나님을 떠나자 사람이 무서워졌습니
다. 그런데 사람이 무서워서 생각해 낸 그의 속임수는 오히
려 그에게 올무가 되었습니다.

그런 아브라함을 바라보는 사라의 마음은 어땠을까요?
'내가 이런 사람을 믿고 고향 땅까지 버리고 떠나왔던가',
'이런 사람을 남편으로 평생 믿고 살 수 있을 것인가' 하며
마음이 복잡했을 것입니다.

애굽 사람들은 아브라함의 염려대로 사라의 미모를 찬
탄하며 바로의 왕궁으로 사라를 데려갑니다. 그런데 당시
사라의 나이는 65세쯤 되었습니다. 젊은 나이가 결코 아닙
니다. 그런데도 애굽 사람들이 찬탄할 만큼 아름다웠다고
합니다. 결국 사라는 아브라함의 거짓말 때문에 왕궁에까지
가게 되었습니다.

이때 아브라함의 마음이 어땠을까요? 아내를 지키지 못

했다는 죄책감과 자괴감, 그리고 두려움으로 마음은 물론 몸도 쪼그라들었을 것입니다. 이 절체절명의 위기의 순간에 하나님께서 개입하십니다.

> 여호와께서 아브람의 아내 사래의 일로 바로와 그 집에 큰 재앙을 내리신지라 창 12:17

하나님께서 전적으로 개입하여 애굽 왕의 집에 재앙을 내리고 사라를 건져 내셨습니다. 그런데 하나님의 개입은 아브라함 때문이 아니라 사라 때문(사래의 일로)이라고 성경은 말씀하고 있습니다. 우리는 이 말씀에서 이 절체절명의 순간에 사라가 기도했음을 짐작해 볼 수 있습니다. 아브라함은 죄책감과 자괴감으로 무너져 있었으나 사라는 하나님을 바라보았던 것입니다. 지금까지 남편만 믿고 살던 사라가 이 순간 하나님을 의지했던 것입니다.

저도 아브라함처럼 아내 때문에 하나님의 은혜를 경험하는 일이 많습니다. 기도하는 아내로 인해 위기의 순간을

떠남의 축복

모면하는 경우가 많습니다. 우리는 어쩌면 기도하는 그 한 사람으로 인해 지금 이 순간 무탈하게 지내는 것인지도 모릅니다.

하나님은 우리로선 도무지 아무것도 할 수 없다고 생각되는 순간에 완전한 전환을 일으키시는 분입니다. 바로의 집에 재앙을 내려서 상황을 완전히 역전시키신 것처럼 오늘 우리 삶에도 그 같은 역사를 이루십니다.

그런데 한편으로 왜 그렇게 극적인 순간까지 애를 태우시나 싶습니다. 그것은 역전의 역사가 우연히 일어났거나 우리 힘으로 일어난 것이 아니라 하나님께서 하신 일임을 분명히 알게 하기 위해서입니다. 도무지 할 수 있는 게 아무것도 없다고 두 손 두 발 다 들기 전에는 우리는 우리 힘으로, 우리 수고로, 인맥과 학연을 동원해서 그 일을 해냈다고 생각할 게 빤합니다. 교만한 우리는 극한의 상황까지 가지 않으면 하나님을 떠올리지 못합니다.

하나님께서는 한순간에, 순식간에 모든 상황을 뒤집어엎는 분이십니다. 그래서 어떤 사람은 '하나님은 유도의 달인'

이라고 말합니다. 문제가 클수록, 어려울수록, 힘들수록 전능하신 하나님께서 역사하십니다. 이때 사람은 하나님을 만남으로 그 삶이 변화됩니다. 완전히 새로워집니다.

바로의 집에 재앙이 내리자 바로가 아브라함을 급하게 불러 말합니다.

> 네가 어찌하여 나에게 이렇게 행하였느냐 네가 어찌하여 그를 네 아내라고 내게 말하지 아니하였느냐 네가 어찌 그를 누이라 하여 내가 그를 데려다가 아내를 삼게 하였느냐 네 아내가 여기 있으니 이제 데려가라 창 12:18-19

가장 강력한 나라의 왕인 바로가 하나님의 전능하심 앞에 놀라서 아브라함에게 왜 그런 거짓말을 했느냐고 질타하고 있습니다. 바로는 하나님을 모르는 사람이지만, 이 재앙이 하나님의 역사임을 알고 있습니다. 그가 놀라고 두려워하는 이유는 아브라함이 아니라 하나님 때문입니다.

이때 아브라함은 자신이 믿고 의지할 것은 애굽이라는

강력한 세상의 힘이 아니라 하나님임을 깨닫습니다. 절체절명의 위기에서 건지시는 분은 하나님임을 깨닫습니다. 생명을 의탁할 곳은 하나님밖에 없음을 깨닫습니다. 그래서 그는 애굽을 떠나 다시 가나안 땅으로 돌아왔습니다.

> 그가 처음으로 제단을 쌓은 곳이라 그가 거기서 여호와의 이름을 불렀더라 창 13:4

아브라함이 처음에 쌓았던 제단으로 돌아와 예배를 드리며 여호와의 이름을 불렀습니다. 하지만 처음에 하나님의 이름을 불렀을 때와는 다른 심정입니다. 첫 번째가 기쁨과 감격과 감사로 드린 예배였다면, 두 번째 드리는 이 예배는 통한의 눈물을 흘리는 회개의 예배였을 것입니다. 하나님이 아닌 연약하고 치졸한 자신을 믿고 애굽으로 떠난 것을 회개했을 것입니다. 그리고 기근 중에도 먹이시고 입히시고 풍성히 누리게 하시는 분은 하나님임을 고백했을 것입니다.

아브라함의
세 가지 깨달음

    아브라함은 믿음으로 고향 땅을 떠나 가나안까지 왔으나 여전히 그 마음에는 자기 의가 많았습니다. 나의 생각, 나의 마음, 나의 의지, 나의 계획이 가득했습니다. 그런 그가 기근을 맞아 애굽으로 내려가는 우를 범한 데 이어 아내 사라를 잃을 뻔한 위기를 겪고 나서 다시 가나안 땅으로 돌아왔습니다. 저는 아브라함이 이 같은 실수와 실패를 통해 세 가지를 깨달았을 것이라고 생각합니다.

나의 연약함

믿음으로 고향 땅을 떠났다고 하지만 아브라함은 여전히 자신의 힘을 믿었습니다. 하나님의 뜻을 따라 순종한다 했지만 여전히 내 계획이 컸습니다. 하지만 이번 사건을 통해 아브라함은 자신이 얼마나 연약하고 부족하고 어리석은지 깨달았습니다. 이번 사건을 겪으며 아브라함은 하나님 앞에서 한없이 낮아졌습니다.

크신 하나님

하나님께서는 더 이상 아무것도 할 수 없는 상황에서도 역전을 일으켜서 완전히 다른 상황으로 만드시는 분입니다. 그 분은 역사의 주관자이십니다. 아브라함은 하나님의 그 크심, 그 강하심, 그 위대하심을 이 사건을 통해 분명히 알게 되었습니다.

하나님과 함께하는 삶

그는 이 과정을 통해 하나님이 절대 포기하지 않고 신실하게 그 약속을 지키시는 분임을 깨달았을 것입니다. 하나님은 그토록 어리석고 연약하며 부족한 아브라함을 끝까지 추적하셔서 강하게 붙드시고 축복하셨습니다. 포기를 모르시는 하나님의 긍휼함과 신실함을 아브라함은 이 사건을 통해 분명히 깨달았을 것입니다.

하나님 나는 연약합니다. 내 힘으로 할 수 없습니다.
하나님 당신은 전능하십니다. 하나님께서 하십니다.
그 크신 하나님이 연약한 나를 사랑하시고, 축복하시며
은혜를 베푸십니다.

저는 아브라함이 깨달은 이 세 가지를 늘 가슴에 새기고 날마다 고백합니다. 이 세 가지를 붙드는 삶이 믿음입니다. 살다 보면 세상이 하나님보다 더 커 보일 때가 있습니다. 세상이 더 강력해서 거기에 의지하고 싶을 때가 있습니다. 하지만 믿음의 사람은 하나님이 우리 삶의 주관자이심을, 진정한 축복은 하나님에게서 오는 것임을 명심합니다. 연약해져서 넘어지더라도 전능하신 하나님께서 끝까지 포기하지 않고 지켜 주심을 깨닫고 통회의 눈물을 흘리며 돌아옵니다. 그러니 우리가 날마다 이 세 가지를 고백할 때 하나님만 바라는 우리의 믿음이 흔들리지 않을 수 있습니다.

'주 안에 있는 나에게 딴 근심 있으랴'로 시작하는 찬송가가 있습니다. 이 곡을 쓴 사람은 엘리자 히윗으로 그의 직업은 학교 선생님이었습니다. 어느 날 한 불량소년에게 복음을 증거하러 갔다가 그 소년이 던진 벽돌에 맞아 척추를 다치고 말았습니다. 병석에 7개월간이나 누워 있으면서 그는 하나님을 원망했습니다. "복음을 전하러 간 내게 왜 이런 일이 생기는 겁니까" 하고 하나님께 따져 물었습니다. 하나님과 불량소년에 대한 원망과 분노로 괴로운 나날을 보내던 어느 날, 청소부인 흑인 여자가 바닥을 닦으면서 찬송하는 모습을 보고 화가 나서 이렇게 쏘아붙였습니다.

"아니 뭐가 그렇게 좋다고 찬송을 부르는 거요?"

그러자 청소부는 "주님께서 모든 형편과 사정이 찬송으로 변할 수 있는 기쁨을 주셨으니 즐거울 수 밖에요."라고 말했습니다. 그 순간 히윗 여사는 머리를 한 대 맞은 듯한 깨달음을 얻습니다. 자신의 연약함, 못남, 어리석음, 부족함을 깨닫자 그런 그와 늘 함께하시는 하나님의 은혜를 알게 되었습니다. 그리고 이때의 심정을 찬송가 370장으로 옮겼습니다.

주 안에 있는 나에게 _____

주 안에 있는 나에게 딴 근심 있으랴
십자가 밑에 나아가 내 짐을 풀었네

그 두려움이 변하여 내 기도 되었고
전날의 한숨 변하여 내 노래 되었네

내 주와 맺은 언약은 영 불변하시니

그 나라 가기까지는 늘 보호하시네

주님을 찬송하면서 할렐루야 할렐루야
내 앞 길 멀고 험해도 나 주님만 따라가리

하나님의 부르심을 받아 내 모든 소유를 버리고 떠나온 약속의 땅에도 기근이 올 수 있습니다. 이 기근은 여전히 남아 있는 나의 생각과 고집, 뜻, 계획을 드러내므로 나의 연약함을 깨닫고 오직 하나님 한 분만 의지하고 나아가게 하기 위해 하나님이 베푸신 믿음의 학교입니다. 이 기근은 우리의 모든 필요를 채우시고 우리를 지키시며 보호하시는 분이 하나님임을 고백하게 하기 위해 준비하신 믿음의 학교입니다. 이 기근은 끝까지 포기하지 않고 사랑하시는 하나님의 은혜를 경험하게 하기 위해 계획하신 믿음의 학교입니다.

믿음의 학교에 있는 사람은 나의 연약함, 하나님의 전능하심과 은혜를 날마다 고백합니다. 위기와 고난 가운데 있을 때 이 고백은 더 절실해집니다.

전제*presupposition*가 전체입니다.

어떤 전제를 가지고 있느냐가

전체를 결정합니다.

인생의 전제는 하나님입니다.

5장

—

지혜의 축복

—

믿음이
지혜다

기근이 들어 애굽으로 갔다가 자신의 연약함만 확인한 아브라함, 그는 믿음으로 산다는 것이 결코 녹록치 않다는 사실을 깊이 깨달았습니다. 이제 다시 가나안 땅으로 돌아와 새롭게 만난 하나님과 깊은 교제를 나누며 예배를 회복하고 믿음의 여정을 정비하기 시작했습니다. 하지만 역시 인생은 간단하지 않습니다. 그의 조카 롯과 갈등하게 된 것입니다.

아브람의 일행 롯도 양과 소와 장막이 있으므로 그 땅이 그들이 동거하기에 넉넉하지 못하였으니 이는 그들의 소유가 많아서 동거할 수 없었음이니라 창 13:5-6

아브라함과 롯이 각각 소유가 많았다고 합니다. 이 소유는 하나님의 축복의 결과물입니다. 하지만 이로 인해 아브라함과 롯이 불화를 겪게 됩니다.

그러므로 아브람의 가축의 목자와 롯의 가축의
목자가 서로 다투고 또 가나안 사람과 브리스 사
람도 그 땅에 거주하였는지라 창 13:7

롯의 목자와 아브라함의 목자 사이에 분쟁이 일
어났습니다. 애굽에서 돌아와 새롭게 믿음의 여정을
다짐한 마당에 이게 무슨 일입니까? 하나님의 은혜
로 믿음의 사람이 되었지만 여전히 우리 삶에는 갈등
이 있고 분쟁이 있고 불화가 있습니다.

갈등(葛藤)은 칡(葛) 뿌리나 등나무(藤)의 줄기처럼
얽히고 설킨 관계와 상황을 말합니다. 갈등이 없는
인생은 없습니다. 가족 간에도 갈등이 있고 부부간에
도 갈등이 있으며 직장에도 갈등이 있습니다. 가까운
사람일수록, 사랑하는 사람일수록 갈등이 많습니다.
영적 거장인 바울도 마가와 갈등했습니다. 오늘 우리
도 교회에서 봉사하면서 지체끼리 갈등을 겪습니다.

선교사가 현장에서 겪는 가장 큰 고통도 현지인과 갈등할 때입니다. 이렇듯 어떤 인생이든 갈등하고 불화하고 분쟁하며 살아갑니다.

그런데 아브라함은 이 갈등 국면에서 지혜로운 대처를 하고 있습니다. 기근이 들자 약속의 땅을 버리고 애굽으로 내려간 어리석은 아브라함의 모습과는 전혀 딴판입니다. 애굽의 바로에게 자신의 아내를 바친 아브라함의 비겁함과 소심함은 찾아볼 수 없습니다. 자신의 실수와 실패를 인정하고 하나님과 깊은 교제 가운데 믿음의 여정을 새롭게 시작한 아브라함이기에 가능한 모습입니다.

지금 어떤 문제로 누군가와 갈등하고 있습니까? 만나면 마음이 불편한 사람이 있습니까? 가까이하고 싶고 사랑하지만 불화하는 관계에 있는 그 사람은 누구입니까? 갈등 관계에서 지혜를 발휘한 아브라함에게서 배우기 바랍니다.

지혜로운 시각
: 명철(Understanding)

　　아브라함은 첫째, 지혜로운 시각을 가진 사람이었습니다. 지혜는 명철입니다. 영어성경(NIV)에서 'understanding'으로 번역한 명철은 언제나 지혜와 함께 등장합니다.

　　여호와를 경외하는 것이 지혜의 근본이요 거룩하신 자를 아는 것이 명철이니라 잠 9:10

영어성경(NIV)에는 '여호와를 경외하는 것이 지혜의 시작이다'(The fear of the LORD is the beginning of wisdom)라고 했습니다. 지혜의 시작, 지혜의 근본은 여호와를 경외하는 것입니다. 그리고 명철은 하나님을 아는 것입니다. 명철은 사물과 상황을 정확하게 분별하고 판단하는 이해력을 의미합니다. 통찰력이라 할 수 있습니다.

아브라함의 지혜와 명철이란 무엇입니까?

> 아브람이 롯에게 이르되 우리는 한 친족이라 나나 너나 내 목자나 네 목자나 서로 다투게 하지 말자 창 13:8

아브라함은 이 상황을 정확하게 꿰뚫어 보고 있습니다. 이 문제는 롯과 자신이 아니라 그들의 목자들끼리 다퉈서 생긴 문제입니다. 영어성경(NIV)은 'So Abram said to Lot'이라고 되어 있습니다. 'So', 즉 갈등이 일어난 뒤에 아브라함이 롯에게 말했다는 겁니다. 그런데 롯은 아브라함의 조카입니다. 둘 사이에 문제가 생겼다면 당연히 어린 롯이 먼저

떠남의 축복

아브라함에게 와서 용서를 구하고 이해를 구해야 할 것 같습니다. 아브라함도 롯이 먼저 그래 주기를 바랐을 것입니다. 하지만 아브라함은 기다리기보다 먼저 다가가 말을 걸기로 했습니다.

우리는 흔히 누군가와 불화하게 됐을 때 먼저 허리를 굽히고 다가서고 싶지 않습니다. 자존심을 내세우느라 상대가 먼저 화해를 요청하면 못 이기는 척 받아 주겠다고 마음을 먹습니다. 하지만 아브라함은 자존심이 아니라 문제를 먼저 통찰했습니다. 그리고 '다투지 말자'고 문제를 해결할 방안을 내놓습니다.

예수님도 우리와 화해하기 위해 먼저 우리에게 다가오셨고 해결을 위해 십자가에 달리셨습니다. 그리고 우리에게도 불화가 생겼다면 어떤 것보다 먼저 해결을 위해 수고하라고 하셨습니다.

예물을 제단에 드리려다가 거기서 네 형제에게 원망 들을 만한 일이 있는 것이 생각나거든 예물을 제단 앞에 두고 먼

저 가서 형제와 화목하고 그 후에 와서 예물을 드리라

마 5:23-24

나의 자존심보다 먼저 문제를 통찰하고 그 해결을 위해
애쓰는 것이 지혜입니다. 명철입니다. 아브라함은 롯에게
'우리는 친족'이라면서 둘 사이의 관계가 중요하다는 것을
강조했습니다. 우리는 때로 이해득실을 따지고 자존심을 지
키느라 그동안 상대와 쌓아 온 관계를 놓치곤 합니다. 그런
데 그들은 남편이고 아내이고 자녀이며 부모이고 직장 동료
입니다. 또한 예수님 안에서 형제요 자매들입니다. 이 세상
모든 것을 잃을지라도 절대 잃어버려서는 안 되는 사람들이
요 관계입니다. 그 어떤 것과도 바꿀 수 없는 소중한 사람들
입니다.

아브라함은 이 사실을 분명히 하면서 그렇기 때문에 다
투지 말아야 한다고 설득하고 있습니다. 관계의 중요성을
통찰한 아브라함의 명철이 여기에 있습니다. 그런데 이 명
철은 하나님을 앎으로 갖게 된 것입니다. 하나님과 깊은 교

제를 나눔으로 하나님의 시각을 갖게 된 사람은 하나님의 관점으로 사람을 보고 상황을 이해합니다. 당연히 지혜로울 수밖에 없습니다. 명철할 수밖에 없습니다.

지금 누구의 관점으로 살고 있습니까? 하나님의 관점으로 세상과 사람과 상황을 바라보고 있습니까? 지혜로운 자가 되기 원한다면 하나님과 깊이 교제함으로 하나님의 관점을 가지십시오.

지혜로운 시선
: 믿음(Faith)

둘째, 아브라함은 믿음의 눈을 가진 사람이었습니다. 눈에 보이지 않는 믿음의 길을 분명하게 좇던 사람입니다.

네 앞에 온 땅이 있지 아니하냐 나를 떠나가라 네가 좌하면 나는 우하고 네가 우하면 나는 좌하리라 창 13:9

아브라함은 조카 롯에게 찾아가 먼저 선택권을 가지라

고 말하고 있습니다. 과연 아브라함의 이 배려와 너그러움은 어디서 비롯된 것일까요? 그냥 조카 롯에게 폼 한번 잡아보려고 해 본 말이었을까요? 하지만 아브라함이 제안한 선택권을 롯이 실제로 덥석 물었을 때 아브라함은 섭섭해하지 않았습니다. 원망하거나 분노하지 않았습니다. 만일 그냥 해 본 말이라면 당연히 섭섭해하고 분노했을 것입니다.

> 이에 롯이 눈을 들어 요단 지역을 바라본즉 소알까지 온 땅에 물이 넉넉하니 여호와께서 소돔과 고모라를 멸하시기 전이었으므로 여호와의 동산 같고 애굽 땅과 같았더라
>
> 창 13:10

"네가 먼저 선택하라"고 하자 롯은 전혀 주저함 없이 눈을 들어 둘러봅니다. 그 순간 그의 눈에 들어온 땅이 있습니다. 바로 여호와의 동산 같고 애굽 땅 같은 소알입니다. 한마디로 비옥한 땅입니다. 요즘말로 사 두면 땅값이 오를 게 분명한 땅입니다. 재개발되면 시세 차익을 노려 볼 만한 땅

입니다.

아브람은 가나안 땅에 거주하였고 롯은 그 지역의 도시들
에 머무르며 그 장막을 옮겨 소돔까지 이르렀더라 창 13:12

롯이 선택한 땅은 애굽과 같은 땅입니다. 화려한 문명을
자랑하는 애굽, 세상을 상징하는 애굽입니다. 롯의 선택을
보면 보기에 좋은 대로, 마음에 닿는 대로 선택을 하고 있습
니다. 그가 갖고 있는 지식과 경험을 잣대로 선택하고 있습
니다. 하지만 하나님은 롯의 이 약삭빠른 선택을 마땅하게
여기지 않으셨습니다.

롯이 아브람을 떠난 후에 여호와께서 아브람에게 이르시
되 너는 눈을 들어 너 있는 곳에서 북쪽과 남쪽 그리고 동
쪽과 서쪽을 바라보라 창 13:14

하나님은 롯이 떠난 후에 이같이 말씀하셨습니다. 마치

롯이 떠나기를 기다리셨다는 듯이 아브라함을 찾아오셨습니다. 삼촌인 아브라함이 먼저 찾아와 화해를 청하게 하고 선택권이 주어지자마자 사양 한 번 하지 않고 덥석 마음에 좋을 대로 애굽과 같은 소알을 선택해서 떠난 롯이었습니다. 비록 롯의 행동은 섭섭해도 피붙이였으므로 그가 떠난 뒤에 허전한 마음을 숨길 수 없었던 아브라함을 하나님은 찾아오셔서 위로하시고 축복하십니다.

> 보이는 땅을 내가 너와 네 자손에게 주리니 영원히 이르리
> 라 창 13:15

롯은 자기가 원하는 것을 선택했지만 아브라함은 하나님이 보여 주시는 것을 선택했습니다. 롯은 자기 눈을 들어 바라본 것을 선택했지만 아브라함은 하나님이 보여 주시는 것, 자기 눈으로 볼 수 없는 것을 선택했습니다. 롯은 탐욕의 눈으로 그 땅을 바라봤지만, 아브라함은 믿음의 눈으로 하나님의 축복을 바라보았습니다.

아브라함이 롯에게 먼저 화해를 청하고 선택권을 줄 수 있었던 이유는 이제 자명합니다. 하나님이라는 믿는 구석이 있기 때문입니다. 큰 민족을 이루어 주시겠다는 하나님의 약속을 믿기 때문입니다. 롯이 갖지 못한 것이 바로 이 믿음의 눈입니다. 믿음으로 하나님의 축복을 바라보고 믿음으로 하나님의 약속을 소망하는 믿음의 눈이 롯에겐 없었던 것입니다.

이는 우리가 믿음으로 행하고 보는 것으로 행하지 아니함
이로라 고후 5:7

그러므로 아브라함의 지혜는 믿음입니다. 명철이 하나님의 관점으로 통찰하는 것이라면 믿음은 보이지 않는 것을 보는 지혜를 말합니다.

이에 아브람이 장막을 옮겨 헤브론에 있는 마므레 상수리 수풀에 이르러 거주하며 거기서 여호와를 위하여 제단을

쌓았더라 ^창 13:18

아브라함이 하나님이 주신 명철과 믿음으로 지혜로운 선택을 한 뒤 제단을 쌓고 예배드리고 있습니다. 아브라함은 언제든지 어디서든지 하나님을 예배하는 것을 잊지 않았습니다.

사람들은 칼과 창으로 무장하고도 골리앗의 그 엄청나게 크고 위대함을 두려워해 감히 나서지 못했지만, 다윗은 고작 물맷돌 몇 개만 가졌어도 골리앗을 상대하시는 하나님을 보았으므로 담대하게 골리앗을 향해 나아갔습니다. 믿음의 눈을 가지면 사람들이 보지 못하는 세계를 보게 됩니다. 사람들은 눈에 보이는 부귀영화에 열광하지만, 믿음의 눈을 가진 사람들은 눈에 보이는 부귀영화가 아니라 눈에 보이지 않으나 영원하고 확실한 하나님 나라에 열광합니다. 그래서 믿음의 눈을 가진 사람들은 명철할 수밖에 없고 지혜로울 수밖에 없습니다.

불화를 겪고 있습니까? 관계의 어려움 때문에 고통 받고 있습니까? 자존심을 내세우느라 상대와 나눈 친밀한 관계를 놓치고 있습니까? 하나님과 깊이 교제함으로 하나님의 관점으로 상황과 문제를 바라보십시오. 그리고 믿음의 눈으로 하나님의 축복을 바라보며 먼저 화해의 손을 내밀고 먼저 양보하십시오. 먼저 배려하고 너그럽게 대하십시오. 그럴 때 우리는 명철과 지혜가 뛰어난 자로 인정받게 될 것입니다. 그리고 이 명철과 지혜가 하나님으로부터 온 것이므로 사람들이 하나님을 인정하게 될 것입니다. 아브라함과 같이 하나님이 주신 지혜와 명철로 믿음의 여정을 걸어가는 우리가 되기를 소원합니다.

지혜*wisdom*는,

하나님의 시각으로
세상을 보는 것입니다.

하나님의 시간으로
인생을 아는 것입니다.

—

6장

비전의 축복

—

비전의
출처는
하나님이다

많은 교회들의 국내외 선교사역을 통해 매년 수많은 영혼들이 복음을 듣고 그리스도의 사랑을 체험하고 있습니다. 이는 하나님이 하나님의 교회에게 주신 비전입니다. 그 비전을 향해 믿음으로 나아가는 복된 발걸음들을 통해 온 땅에 그리스도의 영광과 진리의 빛이 드러나고 주의 사랑이 증거되고 있습니다. 하나님께서는 하나님의 비전을 순종으로 이뤄 갈 헌신된 이들을 찾고 계십니다.

아브라함은 하나님의 비전을 순종으로 이루어 간 믿음의 사람입니다. 창세기 15장에는 아브라함이 하나님으로부터 비전을 받는 모습이 그려져 있습니다. 이는 오늘 비전의 삶을 살기 위해 믿음의 여정을 가는 우리에게도 매우 중요한 이정표가 됩니다.

비전,
보아야 한다

비전(vision), 보는 것을 말합니다. 무엇을 보는 겁니까? 비전은 미래를 향한 그림을 보는 것입니다. 미래에 이루어지기를 바라는 이상향을 바라보는 것입니다.

> 그를 이끌고 밖으로 나가 이르시되 하늘을 우러러 뭇별을 셀 수 있나 보라 또 그에게 이르시되 네 자손이 이와 같으리라 창 15:5

하나님이 아브라함의 자손을 축복하시며 미래를 향한 그림을 그리고 계십니다. 그냥 "네 자손이 많을 것이다"라고만 해도 될 일입니다. 하지만 하나님은 디테일하게 그림을 그려 보이십니다. 먼저 아브라함을 이끌고 밖으로 나가십니다. 그러고는 하늘을 보라고 하십니다. 그러더니 별을 세어 보라고 말씀하십니다. "별 하나 나 하나, 별 둘 나 둘, 별 셋… 하나님 너무 많아요. 못 세겠어요." "그렇지? 네 자손이 이와 같을 것이다."

고대 근동 사람들에게 가장 중요한 미래는 자녀였습니다. 자손들이었습니다. 하나님께서 뭇별을 보이시며 아브라함의 미래를 그려 보이셨습니다. 정말 원대한 미래요 꿈입니다. 아브라함은 그 시간 이후로 하늘을 우러러볼 때마다 하나님이 약속하신 비전을 떠올렸을 것입니다. 인생의 고비를 만날 때면 하늘을 우러러 하나님의 약속으로 위로 받았을 것입니다.

하나님께서 보여 주신 삶의 비전이 있습니까? 있다면 그 비전을 지금 바라보고 있습니까?

떠남의 축복

비전의 사람 하면 저는 주저 없이 마틴 루터 킹 목사를 꼽습니다. 1963년 흑인에 대한 백인의 인종차별을 항의하기 위해 링컨스퀘어에 20만 명이 모인 가운데 마틴 루터 킹 목사는 'I have a dream'(나에게는 꿈이 있습니다)이라는 연설을 했습니다. 지금도 전 세계인이 꼽는 감동적인 연설로 유명합니다.

나에게는 꿈이 있습니다.
조지아의 붉은 언덕에서 노예들의 후손과 노예 소유주들의 후손이 형제로서 식탁에서 함께 자리하는 것을.
나에게는 꿈이 있습니다.
사랑하는 내 자녀들이 자기의 피부 색깔이 아니라 그들의 인격과 실력으로 인정받는 것을.

당시는 버스에서도 백인이 앉는 자리와 흑인이 앉는 자리가 따로 있었고 화장실도 같이 사용할 수 없었으며 학교와 교회도 따로 다녔습니다. 흑인 여성 로자 파크스가 버스에서 백인에게 자리를 양보하지 않았다는 이유로 체포된 것을 계기로 흑인 인권 운동이 전개되었고, 그 선두에 마틴 루터 킹 목사가 있었습니다. 그는 결국 미국 우파들의 눈엣가시가 되어 암살되고 말았지만, 그로부터 45년 뒤 버락 오바마가 미국의 첫 번째 흑인 대통령이 되었습니다. 그의 바람대로 피부 색깔이 아니라 인격과 실력으로 인정받는 세상이 온 것입니다.

비전을 향해 걸어가는 길에는 숱한 수고와 애씀, 눈물과 기도가 뿌려집니다. 그러나 그로 인해 비전의 그림이 하나씩 완성되어 갑니다.

비전이 무엇입니까? 우리의 비전은 똑같지 않을 수 있습니다. 그러나 하나님이 그려 주신 비전은 우리의 심장을 뜨겁게 만들고 앞을 향해 나아가게 합니다.

비전,
구해야 한다

비전이 있습니까? 비전은 구해야 합니다.

리더십 연구자들은 비전은 먼저 직관(intuition)에서 나온다고 말합니다. 직관은 오랜 지식과 경험이 축적된 것입니다. 이 직관에 영감(inspiration)이 불붙을 때 비로소 비전이 된다고 말합니다. 그렇다면 어떻게 직관과 영감이 만나는 걸까요? 영감은 어디서 오는 것일까요? 리더십 연구자들은 이 질문에 대해 '모른다'고 대답합니다. 영감은 올 수도 있고 안

올 수도 있다고 대답할 따름입니다.

그러나 성경은 비전의 출처가 어디인지 분명하게 밝히고 있습니다. 바로 하나님입니다. 하나님은 우리에게 상세한 그림으로 비전을 보여 주십니다.

> 이후에 여호와의 말씀이 환상 중에 아브람에게 임하여 이르시되 아브람아 두려워하지 말라 나는 네 방패요 너의 지극히 큰 상급이니라 창 15:1

여호와의 말씀이 환상 중에 임하였습니다. 이 '환상 중'을 영어성경(NIV)은 'in a vision'이라고 번역했습니다. '여호와의 말씀이 비전 가운데 임하였다'는 것입니다. 하나님은 먼저 아브라함과 하나님의 관계를 밝히십니다. '내가 너의 방패이며 상급이다 그러니 두려워하지 말라' 하십니다.

느헤미야는 그의 형제에게서 예루살렘 성벽이 불탔다는 말을 듣고 괴로워하면서 금식으로 기도했습니다. 그러자 하나님께서 그에게 예루살렘 성벽 재건에 대한 비전을 주셨고, 왕의 허락을 받아 마침내 예루살렘으로 향하게 됩니다. 하지만 느헤미야는 예루살렘에 도착해서 백성들을 불러 놓고 거창하게 비전 선포식 같은 것을 하지 않았습니다. 그저 하나님이 주신 비전을 마음에 새겼습니다.

> 내 하나님께서 예루살렘을 위해 무엇을 할 것인지 내 마음에 주신 것을 내가 아무에게도 말하지 아니하고 느 2:12

'하나님께서 예루살렘을 위해 무엇을 할 것인지 내 마음에 주신 것', 바로 비전입니다. 이스라엘 공동체를 위해, 하나님의 사람들을 위해, 지친 내 민족을 위해 하나님께서 그에게 비전을 주셨습니다.

자녀를 키우는 부모들은 종종 제게 이렇게 말합니다.

"목사님, 우리 애들에게 비전을 좀 심어 주십시오."

비전이 모심는 것입니까? 저는 비전을 심을 수 없습니다. 하나님께서 심으십니다. 비전을 보기 위해 우리가 할 일은 하나님께서 그리신 비전을 보는 눈을 갖도록 성숙해지는 것입니다.

하나님께서 비전을 보여 주십니다. 이것은 하나님의 약속입니다. 그렇기에 우리는 비전을 구해야 합니다. 비전은 만드는 것이 아니라, 쟁취하는 것이 아니라, 받는 것입니다. 보여 주시는 그것을 보는 것입니다.

> 아브람이 이르되 주 여호와여 무엇을 내게 주시려 하나이까 창 15:2a

아브라함은 자신이 원하는 것을 하나님께 말하지 않습니다. 사실 아브라함이 지금 가장 절실하게 원하는 것은 아들입니다. 그럼에도 아브라함은 "하나님 무엇을 주시기 원하십니까?" "하나님이 원하시는 것이 무엇입니까?"라고 묻습니다. 하나님이 보여 주시는 비전을 구하고 있는 겁니다. 우리를 통하여 이루시고자 하는 하나님의 비전을 구하고 있습니다.

그렇습니다. 비전은 구해야 합니다. 만일 무엇을 해야 할

지 막막하기만 하다면 하나님이 보여 주시는 비전을 구할
때입니다.

비전,
믿어야 한다

아브람이 여호와를 믿으니 여호와께서 이를 그의 의로 여
기시고 창 15:6

하나님이 뭇별들을 보여 주시며 "네 자손이 이와 같을 것
이다"라고 비전을 주시자 아브라함이 믿었습니다. 하나님께
서 아브라함의 이 믿음을 보고 그를 의롭다 하셨습니다. 믿
음은 무엇입니까?

떠남의 축복

> 믿음은 바라는 것들의 실상이요 보이지 않는 것들의 증거
> 니 히 11:1

믿음은 바라는 것, 아니 아직 이루어지지 않았으나 이루어진 현실로 받아들이는 것입니다. 증거는 확실한 것입니다. 비전이 하나님이 보여 주시는 미래에 대한 그림이라면, 믿음은 아직 이루어지지 않은 미래를 이루어진 현실처럼 확실하게 받아들이는 것입니다. 하나님께서 아브라함의 이 믿음을 의로 여기신 것입니다.

믿음은 단순히 그랬으면 좋겠다는 기대나 이루어지기를 원하는 소원을 의미하지 않습니다. 어떤 일을 하는 데 기준이 되는 신념이 아닙니다. 하나님이 보여 주신 그림을 지금 이루어진 현실로 믿는 것이 믿음입니다.

> 또 그에게 이르시되 나는 이 땅을 네게 주어 소유를 삼게
> 하려고 너를 갈대아인의 우르에서 이끌어 낸 여호와니라
> 창 15:7

하나님은 미래에 일어날 그림을 보여 주시기만 하는 것이 아니라 그것이 이루어지도록 일을 행하시는 분입니다. 그러므로 믿음은 비전을 현실로 받아들일 뿐 아니라 그 일을 이루실 하나님을 믿는 것입니다. 많은 믿음의 선조들은 지나온 삶을 돌아보며 하나님께서 삶의 구석구석에서 자신에게 보여 준 비전을 이루어 가셨다고 고백합니다. 우리는 삶의 현장에서 때로 하나님이 주신 비전을 의심하기도 하고 실패하기도 하지만, 하나님은 어느 때라도 우리 손을 붙잡고 비전을 향해 묵묵히 걸어가십니다.

지금으로부터 18년 전에 우리 가정은 아프리카 케냐로 선교하기 위해 떠났습니다. 당시 우리 자녀들은 두 살, 네 살, 여섯 살이었습니다. 선교를 떠나면서 가장 걱정되었던 것이 자녀들이었습니다. 그때까지 미국에서 편안하게 살다가 그곳보다 환경이 좋지 못한 케냐에서 혹시 안 좋은 경험을 해서 아이들이 하나님을 원망하면 어쩌나 걱정이 되었습니다. 그런데 당시 우리 아이들이 디즈니 영화 〈라이온킹〉에 흠뻑 빠져 있었습니다. 주인공 심바는 물론이고 등장하는 동물들을 다 좋아했고 심지어 배경으로 나오는 모든 음악을 따라 불렀습니다. 그런데 심바는 케냐어로 사자라는 뜻입니다.

어느 날 제가 "너희들 심바를 직접 보고 싶지 않니?" 했더니 아이들이 한목소리로 "네!" 하기에 "케냐에 가면 심바가 아주 많다"고 하자 그때부터 빨리 케냐에 가자고 졸랐습니다. 그 순간 무겁던 제 마음이 얼마나 가벼워지던지요.

그렇게 선교 준비를 하고 있는데 복병이 나타났습니다. 떠나기 일주일 전에 예방주사를 맞아야 하는데 어른은 7대, 아이들은 5대였습니다. 작은아이들은 멋모르고 병원에 가는데 큰애는 좀 컸다고 주사 맞기 싫다고 울었습니다. 그러면서 왜 주사를 맞아야 하느냐고 물었습니다. 케냐는 우리가 살아왔던 환경과 달라서 주사를 맞지 않으면 아플 수 있다고 대답하자 아이는 "그럼 나 케냐 안 갈래" 하며 더 크게 울어댔습니다. 낭패였습니다. 어떻게 설득해야 할지 난감했습니다. 많은 목사들이 대답하기 곤란한 질문을 받았을 때 교과서처럼 하는 대답이 있습니다. 바로 하나님이 그러시라

했다고 대답하는 겁니다.

"하나님이 케냐에 가라고 하셨어."

그날 아이들은 병원에서 준 초콜릿과 캔디를 먹고 무사히 주사를 맞고 집으로 돌아올 수 있었습니다. 다음 날, 큰애가 나머지 동생들에게 하는 말을 우연히 듣게 되었습니다.

"너희들 우리가 왜 케냐에 가는 줄 알아?"

당연히 동생들은 "I don't know"라고 대답할 밖에요. 그러자 큰애가 이렇게 말했습니다.

"하나님이 가라 그러셨기 때문이야."

그 순간 제 가슴에서 뜨거운 것이 북받쳐 올랐습니다. 한편으로는 저렇게 순진한 아이들을 험지인 케냐에 데려가는 것이 미안해서 눈물이 났고, 한편으로는 '맞아, 하나님이 가라 하셨어'라며 다시 한 번 확신할 수 있었기에 눈물이 났습니다.

우리는 이 땅에서 사는 동안 하나님이 보여 주신 비전을 향해 나아가는 사람입니다. 생존을 위해 몸부림치는 것이 아니라 이 땅을 향한 하나님의 비전을 이루기 위해 언제든지 "하나님, 제가 무엇을 하기 원하십니까?" 하고 묻는 사람입니다.

비전은 먼저 주님이 보여 주신 그림을 보는 것에서부터 시작됩니다. 비전은 우리에게서 나오는 것이 아니라 하나님에게서 나오는 것입니다. 우리가 할 일은 비전을 달라고 구하는 것입니다. 그리고 하나님께서 보여 주신 비전을 이루어진 현실로 믿는 것입니다. 하나님께서는 비전을 보여 주시기만 하는 것이 아니라 그것이 이뤄지도록 일을 행하시는 분입니다. 우리는 이를 믿음으로 순종하며 나아갈 수 있습니다. 우리의 믿음의 여정이 그 비전을 이루는 여정이 되길 소원합니다.

소명*calling* 이 주어진 시간과 상황에서
사명*mission* 과 만나

미래를 믿음*faith* 으로 바라보며
나아가는 것이

비전*vision* 입니다.

7장

—

기다림의 축복

—

내 시간은
하나님께
있다

아브라함은 하나님께 뭇별과 같이 자손이 번성할 것이라는 비전을 받고 그것을 실상으로 믿었습니다. 하나님께서는 아브라함의 이 믿음을 의롭다 하셨습니다.

하지만 비전을 받고 10년이 흘렀건만 실상으로 나타난 것이 없었습니다. 아브라함은 10년을 기다렸으나 비전이 이뤄질 기미조차 보이지 않자 조급해지기 시작했습니다. 기근이 들자 애굽으로 내려가는 실수를 하고 아내 사라를 애굽 왕 바로에게 빼앗길 위기까지 겪은 뒤 아브라함은 하나님을 깊은 교제 가운데 만났고, 비전을 받았고, 믿음으로 순종했습니다. 하지만 받은 비전이 너무 지체되자 아브라함은 다시 초조해지기 시작했고 인간적인 연약함을 드러내게 되었습니다.

눈에 보이지 않는 비전을 믿음으로 붙잡았으나 실현이 지체될 때 우리는 의심하게 되고 유혹을 받기

떠남의 축복

쉬운 상태가 됩니다. 기도로 간구했으나 응답이 없을 때 어떻게 해야 기다릴 수 있을까요? 하나님께서는 세 가지 원칙을 제시해 주십니다.

하나님의 시간을
생각하라

아브라함의 자손이 뭇별처럼 많을 것이라는 비전을 받
았으나 창세기 16장 1절을 보면 "아브람의 아내 사래는 출
산하지 못하였다"고 합니다. 아직 첫아이조차 낳지 못했는
데 자손이 어떻게 번성한다는 말입니까? 더구나 나이 많은
사라는 이제 아기를 가질 수 있는 몸이 아닙니다. 비전이 이
뤄지기는 더 이상 가망이 없어 보입니다. 그래서 사라는 결
론을 내립니다.

사래가 아브람에게 이르되 여호와께서 내 출산을 허락하
지 아니하셨으니(…) 창 16:2

10년을 기다렸으나 아기를 임신하지 못하자 사라는 하
나님께서 자신에게 출산을 허락하지 않았다고 스스로 결론
을 내렸습니다. 우리는 흔히 내 계획, 내 시간, 내 필요에 맞
춰 하나님께서 응답해 주시기를 바랍니다. 그때에 맞춰 응
답해 주시지 않으면 하나님이 역사하시지 않는다고 불평을
늘어놓습니다. 그러나 비전을 주신 분도 하나님이요 비전을
이루시는 분도 하나님입니다. 하나님은 하나님의 계획에 따
라 하나님의 시간에 비전을 이루십니다. 내가 계획한 시간
에 이뤄지는 것이 아닙니다.

그러므로 하나님께서 응답하시지 않는 게 아닙니다. 하
나님의 응답이 지연되는 것이 아닙니다. 하나님의 시간이
나의 계획과 시간과 맞지 않을 뿐입니다. 스스로 출산하지
못할 것이라고 결론 내린 사라는 우리의 모습입니다. 하나
님께서는 하나님의 시간에 하나님의 역사를 이뤄 가십니다.

떠남의 축복

범사에 기한이 있고 천하만사가 다 때가 있나니

날 때가 있고 죽을 때가 있으며

심을 때가 있고 심은 것을 뽑을 때가 있으며

죽일 때가 있고 치료할 때가 있으며

헐 때가 있고 세울 때가 있으며

울 때가 있고 웃을 때가 있으며

슬퍼할 때가 있고 춤출 때가 있으며 전 3:1-4

천하만사에 때가 있습니다. 그 '때'는 하나님의 시간입니다. 하나님의 계획 가운데 있는 시간입니다. 그래서 시편 기자는 "나의 앞날이 주의 손에 있사오니"(시 31:15)라고 고백했습니다. 'My times are in your hand of God', '내 시간이 하나님께 있습니다'입니다. 시간의 주관자 되시는 하나님께 나의 시간을, 나의 앞날을 맡기는 것입니다. 시인은 하나님께서 하나님의 시간에(on time), 가장 좋은 것을 가장 적합하게 주시는 분임을 고백하고 있습니다.

어느 포스터에 이런 문구가 씌어 있었습니다.

"Lord, grant me patience, but please hurry!"

'하나님 인내를 주십시오. 그러나 좀 빨리 주십시오'입니다. 우리는 오래 참는 인내도 빨리 달라고 합니다. 그러나 빠른 게 좋은 게 아닙니다. 빨리 응답 받고, 빨리 은혜 받고, 빨리 비전 받는 게 좋은 것이 아닙니다. 하나님의 시간에 가장 좋은 것을 받아야 좋은 것입니다.

하나님의 음성을
들으라

사래가 아브람에게 이르되 여호와께서 내 출산을 허락하지 아니하셨으니 원하건대 내 여종에게 들어가라 내가 혹 그로 말미암아 자녀를 얻을까 하노라 하매 아브람이 사래의 말을 들으니라 창 16:2

몸은 늙어 가는데 주시겠다는 자손을 얻을 수 없자 사라는 초조해졌습니다. 그리고 의심이 들기 시작했습니다. 하나님의 비전을 의심했습니다. 그래서 자녀를 얻기 위해 자기의 여종을 아브라함에게 줍니다. 이때 아브라함의 반응이 놀랍습니다.

(…)아브람이 사래의 말을 들으니라 창 16:2

아브라함은 사라의 제안을 받아들였습니다. 아브라함이 사라의 말을 들은 것이 잘못입니까? 아닙니다. 하지만 하나님이 주신 비전을 의심한 사라에게 동조한 것이 잘못입니다. '들으니라'의 히브리어 단어를 보면 '만족하다'는 뜻이 있습니다. 사라의 제안에 대해 만족하며 따랐다는 것입니다.

우리도 오랫동안 기도한 것이 응답되지 않을 때 하나님을 의심합니다. 과연 기다리고 있는 것이 하나님의 뜻일까 하고 마음이 흔들립니다. 이때 주변 사람들이 그럴듯한 제안을 하면 솔깃합니다. 하나님의 음성에 귀 기울이지 않고 주변 사람들의 소리에 솔깃해서 그럴듯하다고 하며 따라갑니다. 마냥 기다리자니 불안하기 때문입니다. 일이 잘못되

떠남의 축복

면 어쩌나 초조해지기 때문입니다.

그러나 성경은 "귀 있는 자는 들을지어다" 하면서 하나님의 음성에 귀 기울이라고 말씀하고 있습니다. 하나님의 시간을 기다리며 하나님의 음성이 들릴 때까지 귀 기울이라고 말씀하고 있습니다.

> 너는 마음을 다하여 여호와를 신뢰하고 네 명철을 의지하지 말라 너는 범사에 그를 인정하라 그리하면 네 길을 지도하시리라 잠 3:5-6

사람들의 조언도 들어야 합니다. 하지만 먼저 하나님의 음성을 들어야 합니다. 하나님의 말씀을 신뢰하고 의지해야 합니다. 내 판단, 내 생각, 내 계획이 아니라 비전을 주신 하나님께서 인도하시는 계획, 판단을 따라야 합니다. 하나님을 범사에 인정하는 것이란 바로 내 길을 인도하시는 하나님께 내 삶을 맡기는 것입니다.

누구의 음성을 듣고 있습니까? 누구의 말이 그럴듯하게

들립니까? 하나님이 주신 비전을 들어야 합니다. 하나님의 약속을 들어야 합니다. 하나님의 말씀을 들어야 합니다. 하나님의 음성이 아니라 주변 사람들의 말이 그럴듯하게 들린다면 내가 왜 마음이 조급해졌는지, 왜 불안해졌는지 왜 의심하게 되었는지 점검해 보아야 합니다.

하나님의 방법을
선택하라

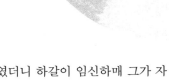

아브람이 하갈과 동침하였더니 하갈이 임신하매 그가 자기의 임신함을 알고 그의 여주인을 멸시한지라 창 16:4

조바심을 내던 사라와 아브라함이 생각해 낸 방안이 사라의 여종 하갈과 동침하여 아들을 얻는 것이었습니다. 하나님께서 사라의 몸에서 나온 자손을 번성시키겠다고 약속하셨건만 그들은 인간적인 방법으로 자손을 얻고자 했습니다.

하나님의 응답이 지체될 때 우리는 이렇게 자기 힘으로 문제를 해결해 보려고 합니다. 그런데 그 결과는 무엇입니까? 하갈의 아들 이스마엘과 사라의 아들 이삭이 갈등했습니다. 뿐만 아니라 하갈과 사라가 갈등했습니다. 이 갈등은 지금도 중동에서 일어나는 테러와 전쟁의 씨앗이 되었습니다. 내 힘으로, 인간적인 방법으로 해결해 보려는 수고가 결국 인류의 오랜 갈등을 가져온 것입니다.

그러니 우리가 할 일은 무엇입니까? 내 힘으로 뭔가를 하려고 하지 않고 하나님의 방법으로 그 일이 이뤄지기를 기다리는 것입니다. 인간의 방법이 아니라 하나님의 방법을 선택하는 것입니다.

목적이 선해도 수단이 악하면 정당한 것이 아닙니다. 결과만큼 과정도 중요합니다. 하나님이 주신 비전을 의심하며 하나님의 시간을 기다리지 못하고 조급하게 비전을 성취하려던 아브라함과 사라는 그로 인해 인류에 고통을 안겨 주었습니다. 인간적인 방법은 잔꾀에 불과해서 악한 결과를 낳게 됩니다. 그러므로 "모로 가도 서울만 가면 된다"는 말은 틀린 말입니다. 수단과 방법은 가려야 합니다.

> 여호와 앞에 잠잠하고 참고 기다리라 자기 길이 형통하며
> 악한 꾀를 이루는 자 때문에 불평하지 말지어다 시 37:7

더 쉽고 더 편하고 더 빠른 방법은 많으나 우리가 취할 것은 하나님의 방법입니다. 더 어렵고 더 불편하고 더 오래 걸리더라도 잠잠히 하나님의 방법을 기다려야 삶이 형통합니다.

하나님이 보여 주신 비전은 있는데 그것이 너무 오래 지체되고 있습니까? 그래서 혹시 하나님이 주신 비전이 아닐지도 모른다고 의심이 듭니까? 조급해져서 인간적인 방법이 그럴듯해 보입니까? 하나님의 시간이 있음을 명심하십시오. 내 생각, 내 시간, 내 계획이 아니라 하나님의 뜻, 하나님의 계획, 하나님의 시간을 신뢰하십시오. 하나님의 시간을 기다리며 사람의 말이 아니라 하나님의 음성에 귀 기울이십시오. 좀 더 쉽고 편하고 빠른 인간적인 방법을 취하지

말고 하나님의 방법을 기다리십시오. 하나님께서 가장 좋은 때에 가장 좋은 것으로 비전을 성취해 가실 것입니다.

떠남의 축복

타이밍 *timing* 이 맞지 않으면
아무 일도 일어나지 않습니다.

타이밍은
하나님께 달려 있습니다.

8장

—

기도의 축복

—

기도의 범위가
내 성숙의
범위다

지금까지 아브라함의 믿음의 여정을 살펴보면서 느끼는 것이 있다면, 믿음의 조상이라 불리는 아브라함이 그렇게 훌륭한 사람이 아니라는 것입니다. 그의 삶이 그렇게 순탄하지 않았다는 것입니다. 때로 실패하고 실수하고 의심하고 흔들리고… 아브라함은 참으로 인간적인 사람이었습니다. 그럼에도 하나님은 절대 포기하지 않고 아브라함을 믿음의 사람으로 성장시켜 가셨습니다.

창세기 18장에는 두 가지 사건이 나옵니다. 하나는 하나님께서 천사들과 함께 아브라함을 방문하신 사건입니다. 아브라함은 하나님인 줄 알고 극진하게 대접합니다. 하나님은 그런 아브라함에게 이전에 약속하신 것을 다시 확인해 주십니다.

내년 이맘때 내가 반드시 네게로 돌아오리니 네 아내 사라에게 아들이 있으리라(…) 창 18:10

떠남의 축복

이 말을 사라가 듣고 피식 웃습니다. 사라는 이미 임신할 수 있는 몸이 아니었기 때문입니다. 그러자 하나님은 사라가 왜 웃느냐고 따지고 사라는 놀라서 절대 웃지 않았다고 딱 잡아뗍니다.

다른 하나는 소돔과 고모라에 대한 심판 사건입니다. 하나님께서 죄가 관영한 소돔과 고모라를 심판하시겠다고 예고하자 아브라함이 이를 위해 중보기도를 하는 사건이 나옵니다.

> 여호와께서 또 이르시되 소돔과 고모라에 대한 부르짖음이 크고 그 죄악이 심히 무거우니 내가 이제 내려가서 그 모든 행한 것이 과연 내게 들린 부르짖음과 같은지 그렇지 않은지 내가 보고 알려 하노라 그 사람들이 거기서 떠나 소돔으로 향하여 가고 아브라함은 여호와 앞에 그대로 섰더니 창 18:20-22

하나님의 심판을 단행하러 천사들이 떠나자 아브라함이 하나님 앞에 섰습니다. 하나님과 독대하기 위함입니다. 아브라함은 하나님께 어떻게 기도했습니까?

남을 위한 기도
: 넓게

　소돔과 고모라는 아브라함과 아무 상관이 없는 도시입니다. 그런데 아브라함은 그 도시를 위해 기도했습니다. 심판 받는 소돔과 고모라로 인해 아브라함이 어떤 피해를 받기 때문에 기도한 것이 아닙니다. 뿐만 아니라 거기에 살고 있는 롯을 위해 기도한 것도 아닙니다. 아브라함은 자기와 어떤 이해관계도 없는 소돔과 고모라를 위해 기도했습니다. 우리는 이런 기도를 중보기도라고 부릅니다.

아브라함은 기도하는 사람이었습니다. 아브라함은 어디를 가나 무엇을 하나 제단을 쌓아 하나님께 제사드리고 하나님과 깊은 교제를 나누었습니다. 그런데 여기서는 아브라함의 기도가 이전과 다릅니다. 그동안은 자기와 가족, 민족의 축복을 위해 기도했다면 여기서는 자기와 상관없는 사람들을 위해 기도하고 있습니다. 기도의 범위가 넓어진 것입니다.

기도의 범위가 성숙의 범위입니다. 기도의 범위가 사랑의 범위입니다. 이스라엘 백성을 애굽에서 데리고 나온 모세도 생명책에서 내 이름을 지울지라도 백성의 목숨을 살려 달라고 백성을 위해 중보기도했습니다. 사도 바울도 "나의 형제 곧 골육의 친척을 위하여 내 자신이 저주를 받아 그리스도에게서 끊어질지라도 원하는 바로라"(롬 9:3)고 동족을 위해 기도했습니다. 이처럼 믿음의 선조들은 믿음의 여정 중에 기도의 범위가 확장되어 갔습니다.

나는 너희를 위하여 기도하기를 쉬는 죄를 여호와 앞에 결

단코 범하지 아니하고 _{삼상 12:23}

사무엘은 중보기도하지 않는 것이 죄라고까지 말하고 있습니다. 디모데전서에서도 중보기도를 강조하고 있습니다.

모든 사람을 위하여 간구와 기도와 도고와 감사를 하되
딤전 2:1

'도고'가 중보입니다. 성경은 이처럼 우리에게 중보기도할 것을 요구하고 있습니다. 지금 무엇을 위해 기도하고 있습니까? 골방에 들어가 기도하는 많은 시간 동안 누구를 위해 기도하고 있습니까? 물론 나의 필요를 구하고 나의 상황을 고해야 합니다. 그것은 성경적인 것이며 하나님이 응답하십니다. 하지만 거기에 머물러서는 안 됩니다. 믿음이 성장하듯이 기도의 범위도 성장해야 합니다. 하나님은 우리가 언제까지나 어린아이로 머물러 있는 것을 원하시지 않습니다. 성장하고 성숙해 가기를 바라십니다.

주님과 친밀한 기도
: 가까이

> 아브라함이 가까이 나아가 이르되 주께서 의인을 악인과
> 함께 멸하려 하시나이까 창 18:23

　지금까지 하나님과 아브라함의 만남은 하나님이 먼저
부르시고 보여 주시고 말씀하심으로 이루어졌습니다. 그런
데 지금은 아브라함이 먼저 가까이 나아갔습니다. 우리는
아브라함의 기도에서 중요한 영적 원리를 발견할 수 있습니

다. 바로 중보기도는 하나님과 친밀한 관계에 있을 때 할 수 있는 기도라는 것입니다. 하나님과 깊이 교제할 수 없다면 우리는 결코 다른 사람을 위해 중보할 수 없습니다. 하나님과 깊은 교제를 할 수 있을 때 비로소 우리는 기도의 지경을 확장해 남을 위해 기도할 수 있습니다.

하나님 앞에 가까이 나아간 아브라함을 향해 하나님은 이사야서(41:8)에서 '나의 벗 아브라함'이라고 부르셨습니다. 야고보서(2:23)도 아브라함이 '하나님의 벗이라 칭함을 받았다'고 증언하고 있습니다.

> 이제부터는 너희를 종이라 하지 아니하리니 종은 주인이 하는 것을 알지 못함이라 너희를 친구라 하였노니 내가 내 아버지께 들은 것을 다 너희에게 알게 하였음이라 요 15:15

종은 주인이 말하지 않으므로 주인이 하는 일을 다 알 수 없습니다. 그러나 친구는 주인이 미주알고주알 다 말하므로 주인의 일에 대해 모르는 것이 없습니다. 하나님은 아브라함에게 "내가 하려는 것을 아브라함에게 숨기겠느냐"(창 18:17)고 말씀하셨습니다. 하나님은 당신의 마음을 아브라함에게 숨기지 않으셨습니다. 하나님은 아브라함을 친구로 여기셨기 때문입니다. 이 같은 친밀함 가운데 아브라함의 중보기도가 나올 수 있었던 것입니다.

하나님께서 소돔과 고모라의 심판을 숨기지 않고 말씀하셨기에 아브라함이 그 도시들을 위해 기도할 수 있었습니다. 그 도시들을 향한 하나님의 마음을 알기에 그 마음으로 그들을 위해 중보할 수 있었습니다. 이렇듯 진정한 기도는 하나님과 친밀한 교제 가운데 이루어집니다. 먼저 주님 앞에 가까이 나아갈 때 주님과 친밀한 교제를 할 수 있고, 그럴 때 기도의 지경이 넓어져 중보할 수 있습니다.

종종 어떻게 해야 기도를 잘할 수 있느냐는 질문을 받습니다. 저는 많은 경우 기도를 못하는 가장 큰 이유는 기도를 많이 하지 않기 때문이라고 생각합니다. 대화가 잘되는 친구는 어제도 만났고 오늘도 만나고 내일도 만나는 친구입니다. 평소 자주 만나 많은 얘기를 나눈 친구하고 대화를 잘할 수 있습니다. 아주 가끔 만나는 친구하고는 상투적인 대화만 나눌 뿐입니다. 기도도 마찬가지입니다. 기도는 하나님과 나누는 대화입니다. 매일 하나님께 가까이 나가 시시콜콜 말하는 사람은 언제든지 기도할 수 있습니다. 자주 기도하지 않기 때문에 기도할 수 없는 겁니다.

하나님과 깊은 교제를 나누고 있습니까? 언제든지 어디서든지 기도할 수 있습니까? 누구를 위해 중보하고 있습니까? 하나님과 깊은 교제를 하는 기도를 매일 하십시오. 하나님과 친밀해지는 길은 이것밖에 없습니다. 그럴 때 우리도 기도의 지경이 넓어져 남을 위해 기도할 수 있습니다.

복의 통로가 되는 기도
: 깊게

아브라함의 기도가 친밀한 것은 그 내용을 보면 알 수 있습니다. 하나님 앞에 자기 마음을 그대로 드러냅니다.

> 그 성 중에 의인 오십 명이 있을지라도 주께서 그곳을 멸하
> 시고 그 오십 의인을 위하여 용서하지 아니하시리이까(…)
> 세상을 심판하시는 이가 정의를 행하실 것이 아니니이까
>
> 창 18:24-25

떠남의 축복

공의로운 하나님께서 어떻게 의인까지 심판하겠다고 하느냐고 따지고 있습니다. 의인이 있는데도 소돔과 고모라를 심판하는 것은 의롭지 못하다면서 그들의 멸망을 막아 보려는 것입니다. 그러자 하나님께서 의인 50명이 있다면 멸하지 않겠다고 약속하십니다. 아브라함이 가만 생각해 보니 혹시 의인 50명이 없을지도 모르겠습니다. 그래서 다시 구합니다.

> (…)나는 티끌이나 재와 같사오나 감히 주께 아뢰나이다 오십 의인 중에 오 명이 부족하다면 그 오 명이 부족함으로 말미암아 온 성읍을 멸하시리이까(…) 창 18:27-28

의인 45명이 있어도 멸하지 말라는 간구입니다. 이를 위해 아브라함은 자신이 티끌 같고 재 같다고 자신을 한껏 낮춥니다. 이때에도 하나님께서 그러마고 약속하십니다. 아브라함이 그래도 불안하니까 "하나님 정말 죄송합니다. 정말 정말 미안한데요" 하면서 40명으로 낮추고 30명, 20명까지 낮추며 거듭 간구합니다. 이때에도 하나님은 그러마 하고 아브라함의 간청을 들어주십니다. 그런데도 아브라함이 불안합니다. 그래서 정말 염치를 불구하고 "하나님, 정말 마지막이에요. 열 명은요?" 하고 간청합니다. 여섯 번이나 그 수를 바꿔 가며 간청한 것입니다.

그런데 도대체 아브라함은 왜 이렇게까지 간청하는 걸까요? 그리고 하나님은 그의 간구에 대해 어떻게 반응하십니까?

하나님은 아브라함이 여섯 번이나 반복해서 간청하는데도 전혀 역정을 내지 않으십니다. '이제 그만하라'고 제지하지도 않으십니다. 아브라함이 어떤 수를 부르든 그러겠다고 고개를 끄덕이십니다. 하나님의 마음이 보이십니까? 아브라함의 간청을 들으며 하나님이 속으로 얼마나 뿌듯해하셨을까요? 아브라함이 기특하고 대견하고 자랑스럽고 사랑스러웠을 것입니다. 왜냐하면 아브라함의 간구가 곧 하나님의 마음이었기 때문입니다.

내 이름으로 일컫는 내 백성이 그들의 악한 길에서 떠나 스
스로 낮추고 기도하여 내 얼굴을 찾으면 내가 하늘에서 듣
고 그들의 죄를 사하고 그들의 땅을 고칠지라 대하 7:14

악한 길에서 돌이키면 용서하시겠다는 게 하나님의 마
음입니다. 그러니 아브라함이 이렇게 간절하게 기도하는 것
이 얼마나 기특하고 대견했겠습니까? 하지만 소돔과 고모
라는 의인 열 명이 없어서 결국 멸망당하고 맙니다.

너희는 예루살렘 거리로 빨리 다니며 그 넓은 거리에서 찾
아보고 알라 너희가 만일 정의를 행하며 진리를 구하는 자
를 한 사람이라도 찾으면 내가 이 성읍을 용서하리라 렘 5:1

아브라함은 염치가 없어 열 명에서 멈췄지만 하나님의
마음은 한 명이라도 있으면 용서하시고 싶었습니다. 그런데
하나님께서 그 심판 중에 아브라함을 위해 한 가지 일을 행
하십니다.

하나님이 그 지역의 성을 멸하실 때 곧 롯이 거주하는 성을 엎으실 때에 하나님이 아브라함을 생각하사 롯을 그 엎으시는 중에서 내보내셨더라 창 19:29

아브라함의 조카 롯을 그 성에서 빼내 주셨습니다. 롯이 의인이어서가 아닙니다. 아브라함 때문에 그렇게 한 것입니다. "하나님께서 아브라함을 생각하사"에서 '생각하다'(Zakar)의 히브리어는 갑자기 떠오르는 생각이 아닙니다. 오랜 심사숙고 끝에 의지적으로 결단하는 것을 의미합니다. 아브라함의 중보는 결국 그의 조카 롯을 구원했습니다. 아브라함이 복의 통로가 된 것입니다.

지금도 나라와 민족을 위해 기도하는 의인 열 명이 필요합니다. 가정을 위해 기도하는 의인 한 명이 필요합니다. 여전히 주님을 알지 못하므로 고통 가운데 삶을 영위하는 불쌍한 영혼들을 중보하는 의인 열 명이 필요합니다. 하나님께서는 열 명이 아니라 한 명만 있어도 그 나라와 민족과 가정과 사회를 구원하고 싶으십니다.

당신은 당신으로 인해 당신의 가정과 직장과 교회와 나라가 구원 받는 의인으로 기도하고 있습니까? 이 같은 기도를 하려면 먼저 하나님과 친밀한 교제를 나누어야 합니다. 그래야 기도의 지경이 넓어져 내게 갈급한 기도가 아닌 가족과 이웃, 나라와 민족에 갈급한 기도를 할 수 있습니다. 하나님과 친밀한 사람은 하나님의 마음으로 기도하게 됩니다.

내 기도의 범위가 내 성숙의 범위가 되고, 내 사랑의 범위가 됩니다. 기도의 범위가 넓어지기를 소망하십시오. 기도하는 우리로 인해 열방이 구원 받을 것입니다.

기도는

최후의 수단이 아니라

최초의 수고가

되어야 합니다.

9장

—

드림의 축복

—

신뢰할 때
드릴 수
있다

그 일 후에 하나님이 아브라함을 시험하시려고
그를 부르시되 아브라함아 하시니 그가 이르되
내가 여기 있나이다 창 22:1

창세기 22장은 '그 일 후에'로 시작합니다. 지금
까지 우리는 아브라함의 믿음의 여정 중에 있었던 크
고 작은 사건들을 살펴봤습니다. 하나님의 부르심에
순종해서 고향 땅을 떠난 믿음의 결단도 살펴보았고,
기근이 들자 애굽으로 피신 갔다가 아내를 빼앗길 뻔
한 그의 겁 많고 연약한 모습도 살펴보았습니다. 조
카 롯과 분쟁이 일어나자 하나님의 지혜와 총명으로
문제를 해결해 나가는 성숙한 모습도 보았습니다. 비
전을 이루어진 현실로 믿는 의로운 모습을 보였으나
기다림이 길어지자 의심해서 인간적인 방법으로 비
전을 이루려는 조급함도 보았습니다.

드러난 사건만 보면 아브라함은 우리처럼 연약하

고 어리석고 부족함이 많은 사람인 것 같습니다. 하지만 아브라함의 인생에는 보이지 않는 하나님의 손길이 늘 함께했습니다. 은혜로 그를 지키시고 보호하시며 믿음으로 나아가도록 이끄시는 하나님의 사랑이 있었습니다. 아브라함이 특별한 이유입니다.

'그런 일이 있은 후에' 하나님께서 아브라함을 시험하셨다고 합니다. 하나님께서 왜 아브라함을 시험하신 걸까요? 여기서 시험은 유혹이 아니라 테스트입니다. 테스트가 있어야 공부하게 됩니다. 테스트가 있어야 더 많이 알게 됩니다. 그렇다면 하나님의 테스트는 아브라함의 믿음을 더 온전케 하기 위한 하나님의 은혜입니다.

제게는 세 명의 자녀가 있습니다. 결혼 초기 아들을 낳으면 이름을 '돗개'라 짓고 딸을 낳으면 이름을 '달래'라 지어야겠다고 농담으로 말한 적이 있습니다. 막상 자녀를 낳으니 차마 진돗개, 진달래라 지을 수 없어 맏딸은 '하나님께 영광, 우리에겐 은혜'라는 뜻으로 영은이라고 이름을 지었습니다. 둘째는 '하나님께 영광과 찬양'이란 뜻으로 영찬이라고 지었습니다. 셋째 막내딸이 태어났을 때 '하나님께 영광과 감사'라는 뜻을 가진 이름을 지어 주려 했으나 애석하게 '영감'이 되어서 '영광을 주님께'라는 뜻으로 영주라고 지었습니다.

이렇게 소중한 자녀를 얻고 나면 창세기 22장의 말씀이 몹시 불편해집니다. 아무리 하나님의 명령이라지만 어떻게 사랑하는 자녀를 제물로 바친다는 겁니까? 나라면 과연 아브라함처럼 거침없이 순종할 수 있을까 자문해 보면 자신이 없습니다. 자녀 앞에서 한없이 나약해지는 부모일진대 백 세에 어렵게 아들을 얻은 아브라함이야 말해 뭘 하겠습니까.

그런데 놀랍게도 아브라함은 하나님의 이 시험을 아주 우수한 성적으로 통과했습니다. 아브라함은 하나님의 명령에 온전히 순종해서 드림으로 시험을 통과했습니다.

아브라함의 '드림'은 어떤 것이었습니까?

다 드리는
사랑

네 아들 네 사랑하는 독자 이삭을 데리고 모리아 땅으로
가서 내가 네게 일러 준 한 산 거기서 그를 번제로 드리라

창 22:2

세상에 이런 청천벽력도 없습니다. 백 세에 어렵게 얻은
아들을 번제로 바치라니요. "네 아들 네 사랑하는 독자 이
삭"이라는 하나님의 말씀에서 아브라함이 이삭을 얼마나 끔

찍이 아끼고 사랑했는지 알 수 있습니다. 이 사실은 시험이 끝난 뒤 하신 하나님의 말씀에서도 확인할 수 있습니다.

> 네가 네 아들 네 독자까지도 내게 아끼지 아니하였으니 내가 이제야 네가 하나님을 경외하는 줄을 아노라 창 22:12

우리는 이 말씀에서 하나님께서 아브라함을 시험하신 중요한 이유를 발견하게 됩니다. 바로 하나님을 향한 온전한 사랑입니다. 아브라함에게 이삭은 하나님이 비전으로 주신 아들입니다. 뭇별처럼 자손을 번성시키겠다는 약속으로 주신 아들입니다. 얼마나 귀하고 소중한 존재인지 모릅니다. 눈에 넣어도 안 아플 것 같은 그 사랑스러운 아들을 하나님의 명령을 따라 바치려 했으니 그것으로 하나님을 향한 아브라함의 사랑이 온전함을 확인할 수 있었다는 겁니다.

그동안 아브라함은 아들 이삭으로 인해 세상을 다 얻은 듯한 행복감과 만족감에 취해 있었을 것입니다. 마음을 온통 이삭에게 빼앗겨 그의 눈이 이삭의 일거수일투족을 좇았을 것입니다. 하나님보다 아들 이삭을 더 귀하게 여기며 사랑했을 것입니다. 그런 아브라함을 향해 하나님은 그 아들을 내게 바치라고 시험하신 것입니다.

하나님은 오늘 우리에게 말씀하십니다. 당신의 이삭은 누구입니까? 하나님보다 더 마음이 쓰이고 더 관심을 쏟고 더 귀하게 여기는 존재는 무엇입니까? 만일 하나님보다 더 귀하게 여기고 의지하고 붙잡는 것이 있다면 그것을 번제로 바치라고 말씀하십니다. 내가 가장 중요하고 귀하게 여기는 그것을 하나님께 바치라고 요구하십니다. 아브라함은 절대 놓치고 싶지 않은 이삭조차 하나님 앞에 드렸습니다. 하나님은 그 모습을 보고 그의 온전한 사랑을 확인하셨습니다.

다 드릴 수 있는
믿음

손을 내밀어 칼을 잡고 그 아들을 잡으려 하니 ^{창 22:10}

아브라함은 모리아산에 당도한 뒤 이삭을 결박하고 제
단에 올려놓았습니다. 사실 우리는 이 장면 뒤에 하나님의
천사가 나타나 아브라함을 제지한다는 것을 알고 있습니다.
그래서 이 장면을 읽으며 전혀 긴장감을 느끼지 못합니다.
하지만 당사자인 아브라함으로선 온몸이 떨리는 무섭고 두

떠남의 축복

려운 순간입니다. 아브라함은 단지 흉내만 내느라 폼만 잡은 것이 아닙니다. 실제로 아들을 죽이려고 칼을 높이 들었습니다. 그 모습을 보고 하나님이 얼마나 다급했으면 "아브라함아 아브라함아" 하고 두 번이나 불렀겠습니까? 점잖게 아브라함을 부른 게 아닙니다. 몹시 다급하게 불렀습니다. 그리고 하나님께서 "그 아이에게 네 손을 대지 말라 그에게 아무 일도 하지 말라"고 제지하셨습니다.

그런데 한 가지 의문이 듭니다. 도대체 아브라함은 어떻게 아들 이삭을 제물로 바칠 생각을 했던 걸까요? 아무리 하나님의 명령이라지만 못하겠다고 버틸 수도 있지 않습니까? 그렇게 오랜 세월 기다려서 귀하게 얻은 아들을 왜 도로 뺏어 가시느냐고 따질 수도 있지 않습니까? 그런데 아브라함은 한마디 항변 없이 이삭을 제물로 바치려 했습니다. 도대체 무엇이 아브라함으로 하여금 인간이라면 도무지 하기 힘든 이 일을 하게 한 것일까요?

아브라함은 시험을 받을 때에 믿음으로 이삭을 드렸으니

그는 약속들을 받은 자로되 그 외아들을 드렸느니라

히 11:17

히브리서는 아브라함이 믿음으로 이삭을 드렸다고 증언하고 있습니다. 과연 어떤 믿음입니까?

그가 하나님이 능히 이삭을 죽은 자 가운데서 다시 살리실
줄로 생각한지라 히 11:19

아브라함은 믿음으로 이삭을 죽일 수 있었는데, 그 믿음은 하나님께서 죽은 이삭을 살리실 것이라는 믿음이라는 겁니다. 죽은 자도 능히 살리시는 분으로 하나님을 믿었다는 겁니다. 아브라함은 하나님과 깊이 교제함으로써 하나님의 신실하심, 전능하심을 알았고 절대적으로 믿게 되었습니다.

눈앞에 일어난 현실이 도무지 이해되지도 납득되지도 않지만 하나님께서 이 모든 상황 가운데서도 선하게 인도하시리라는 것, 하나님이 약속하신 것은 신실하게 이루어 가

떠남의 축복

신다는 것을 굳게 신뢰하기에 아브라함은 그토록 소중한 아들을 하나님께 바칠 수 있었습니다. 믿음의 분량이 어느덧 이만큼 자랐습니다.

아브라함의 믿음대로 하나님께서는 이삭을 살리시고 숫양을 번제의 제물로 수풀 가운데 준비해 놓으셨습니다. 아브라함은 '하나님께서 준비하신다'는 뜻으로 그 땅을 '여호와 이레'라고 명명합니다.

아브라함으로선 얼마나 감격스럽고 감사한 순간이겠습니까? 차라리 죽고 싶을 만큼 정말 피하고 싶었지만 믿음으로 이삭을 바친 아브라함입니다. 그런데 하나님께서 직접 번제로 드릴 제물을 준비하시고 이삭과 아브라함을 구원할 길도 예비하셨습니다. 하나님이 온 우주 만물을 다스리신다는 것, 약속하신 것을 신실하게 이행하신다는 것, 비전을 주신 것도 하나님이고 그 비전을 이루시는 것도 하나님이라는 것을 알고 아브라함은 하나님을 '여호와 이레'라고 고백했습니다.

하나님의 말씀을 듣고도 걱정과 염려의 안개에 싸여 하

나님이 세상 만물을 주관하고 역사하신다는 사실을 신뢰하지 못하겠습니까? 먼저 하나님의 신실하심과 전능하심을 믿으십시오. 우리는 그 믿음으로 순종할 수 있습니다. 그리고 순종할 때 아브라함처럼 '여호와 이레'의 믿음을 고백할 수 있습니다.

떠남의 축복

다 드려지는
순종

저라면 같이 동행한 종을 데리고 산에 올랐을 것입니다. 왜냐하면 제가 아들을 죽이려 할 때 그 종이 저를 말릴 것이기 때문입니다. 그러면 저는 "놓아라" 하고 약간의 실랑이를 벌이다가 못 이기는 척 칼을 내려놓을 것입니다. 그런데 아브라함은 그런 계산도 하지 않았습니다. 아니 하나님의 명령을 이행하는 데 방해가 될 듯해 이런 꼼수를 아예 배제했습니다.

아브라함이 아침에 일찍이 일어나 나귀에 안장을 지우고
두 종과 그의 아들 이삭을 데리고 번제에 쓸 나무를 쪼개어
가지고 떠나 하나님이 자기에게 일러 주신 곳으로 가더니
창 22:3

아브라함은 하나님의 명령을 들은 다음 날 바로 길을 떠
났습니다. 며칠 말미를 달라고 하지도 않았습니다. 며칠 말
미를 얻게 되면 인간적인 생각들로 번민하게 될 것이므로
순종하기 더 힘들었을 것입니다. 아브라함이 이 문제를 가
지고 사라와 의논했다는 말씀이 없는 것을 보면 아브라함은
사라한테도 알리지 않고 이 계획을 실행에 옮겼습니다. 사
실 사라한테 의논했다면 사라가 선선히 보내 주었을까요?
아마 몸져누워서 "내 눈에 흙이 들어갈지언정 절대로 그럴
수 없다"고 버텼을 것이고, 그랬다면 아브라함이 하나님께
사라 탓을 하며 순종하지 못하겠다고 했을지도 모릅니다.
아브라함은 그래서 혼자 결단하고 지체하지 않고 실행
에 옮겼던 것입니다.

제삼일에 아브라함이 눈을 들어 그곳을 멀리 바라본지라

창 22:4

모리아산까지 3일이 걸렸습니다. 이 3일 동안 아브라함의 마음이 얼마나 착잡했을까요? 작심삼일이라는 말도 있듯이 그 3일 동안 얼마나 마음의 번민이 심했을까요? 어느 설교자는 이때 아브라함의 심정을 이렇게 말합니다.

"광야 길에 불어대는 그 바람이 아들을 하나님께 드리러 가는 아버지 노족장에게 얼마나 차가웠을까? 번제를 위한 장작을 패면서 그 아버지의 마음도 장작처럼 쪼개지지 않았을까?"

이렇듯 온전하게 순종하기 위해 아브라함이 감수했어야 할 심리적 고통은 너무나 큰 것이었습니다. 그랬기에 하나님도 그의 순종을 인정했고, 지금 우리도 아브라함을 믿음의 조상이라고 부르고 있는 것입니다.

본문 말씀을 읽으며 제 마음은 아브라함의 마음처럼 참 많이 무거웠습니다. 온전한 순종에 방해가 될 만한 것들을 제거하고 커다란 고통 가운데 혼자 신음하면서 묵묵히 순종의 길을 걸은 아브라함. 과연 저도 아브라함과 같은 믿음으로 온전히 순종하는 믿음의 분량을 이룰 수 있을까, 자문해 보지만 자신이 없습니다.

그럼에도 불구하고 저는 순종의 길을 걸어야 할 이유가 있습니다. 그것은 아브라함이 그랬듯이 저도 하나님을 신뢰하기 때문입니다. 아브라함의 하나님은 제가 충분히 신뢰할 만한 하나님이시기 때문입니다.

하나님에 대한 아브라함의 순종은 단번에 되어졌지만, 하나님에 대한 그의 신뢰는 단번에 이루어진 것이 아니었습니다.

그의 부족함과 연약함에도 불구하고 그를 보호하시고 인도해 주신 하나님, 어떤 상황 속에서도 자신을 향한 약속을 포기하지 않고 그 약속을 성취하신 하나님, 가장 좋은 것으로 자신을 채우고 돌보신 하나님을 그는 누구보다 잘 알고 경험했습니다. 생물학적으로 임신할 수 없는 사라의 몸에서 이삭을 낳게 하신 하나님께서 죽은 이삭도 다시 살리실 수 있다는 신뢰가 있었기에 그는 기꺼이 드림의 자리로 나아갈 수 있었습니다.

드림은 신뢰입니다. 나를 드림은 하나님을 신뢰하는 드림입니다. 이 신뢰 때문에 우리는 삶의 가장 먼 곳까지 그리고 가장 낮은 곳까지 그리고 삶의 가장 끝자리까지도 담대하게 나아갈 수 있습니다. 나의 판단과 생각을 내려놓고 하나님을 신뢰하는 순종의 길을 걸을 때 그 신뢰는 나를 배신하지 않을 것입니다.

저는 이제 그 신뢰를 가지고 아프리카 케냐로 선교를 떠나고자 합니다. 온전한 순종과 온전한 믿음, 온전한 사랑으로 믿음의 여정을 완성해 간 아브라함을 따르고자 합니다. 아프리카 땅의 영혼들을 향한 비전을 주시고 또 그 비전을 이루어 가실 하나님을 믿고 부르신 자리로 떠나고자 합니다.

우리가 서 있는 삶의 자리는 각기 다르지만, 우리는 모두 부르심을 따라 떠나는 삶, 드리는 삶을 살아가고 있습니다. 그렇게 한결같은 순종의 삶을 살다가 먼 훗날 하나님 앞에 서게 될 것입니다.

축복의 삶, 믿음의 여정은 그렇게 시작됩니다. 하나님이 부르시는 그때가 바로 드리는 삶의 시작입니다. 하루하루 믿음으로 순종을 이뤄 갈 때 우리는 어느덧 온전한 순종의 자리에 서게 될 것입니다. 그것이 곧 축복의 삶입니다.

주님의 시선 주님의 마음

주님의 시선으로 바라보기 원하네
주님의 마음으로 섬기길 원하네
하나님의 사랑이 내 속에 부어질 때
긍휼히 여기시는 그 마음 알아 갑니다

주님의 시선으로 사랑하기 원하네
주님의 마음으로 전하길 원하네
하나님의 은혜가 우리게 임하실 때
거룩한 부르심을 따라서 나아갑니다

주님의 시선과 주님의 마음으로
그 땅을 향해 달려가리라
잃어버린 자를 향한 아버지의 마음
가서 전하리라

차진일 작사/작곡

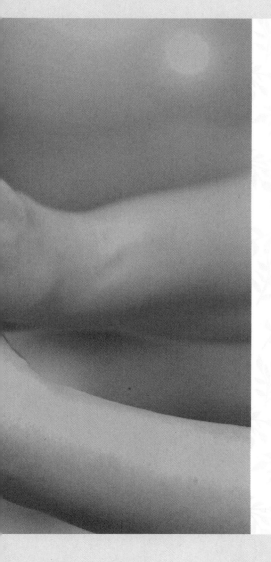

믿음은
인내의 시작을

사랑은
인내의 과정을

소망은
인내의 결과를
축복이 되게 합니다.

10장

—

하늘 나그네

—

세상
욕심에서
떠나라

순종 이후의 삶은 광야를 지나 우리가 아직 밟지 않은 약속의 땅과도 같습니다. 지금 우리는 그 땅을 향해 불확실하고 불안하며 불편한 광야 길을 걸어 갑니다. 이스라엘 백성이 약속의 땅을 향하는 광야의 삶을 살았듯이, 우리는 하늘을 향해 세상의 광야를 나그네로 살아가고 있습니다.

한때 욜로(YOLO)라는 말이 유행했습니다. You Only Live Once, '한 번밖에 없는 삶'이란 뜻입니다. 그 속뜻은 '한 번밖에 살지 못하는 인생이니 마음 놓고 즐기라'(enjoy)입니다. 그러나 하늘을 향하는 순례자에게 욜로는 '이 땅에서 한 번밖에 살 수 없으니 거룩하게 살아라'가 됩니다. 거룩한 삶, 어떻게 살아야 합니까?

주님처럼
살라

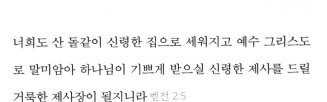

> 너희도 산 돌같이 신령한 집으로 세워지고 예수 그리스도
> 로 말미암아 하나님이 기쁘게 받으실 신령한 제사를 드릴
> 거룩한 제사장이 될지니라 벧전 2:5

성경은 예수 그리스도가 자기 몸을 드리는 살아 있는 돌
로서 성전이 되었듯이, 우리도 살아 있는 돌로서 모이고 모
여 하나님이 임재하시는 신령한 전을 세워 갈 것을 말씀합

니다. 그리고 하나님이 기뻐하시는 산 제사를 드림으로써 우리가 이 땅에서 거룩한 제사장으로 살 것을 말씀합니다. 이것이 우리를 향한 하나님의 뜻입니다.

우리가 잘 아는 로댕의 작품 중에 '하나님의 손'(The hand of God)이 있습니다. 대리석으로 만든 이 작품은 한 손이 대리석을 붙잡고 있는 것 같습니다. 그런데 그 뒷면을 보면 구부러진 아담의 몸에서 하와를 만드시는 하나님의 손이 있습니다. 하나님의 창조를 나타내고 있습니다. 이 작품이 있는 벽면에는 이사야서 말씀이 쓰여 있습니다.

> 나 여호와가 말하노라 내 손이 이 모든 것을 지었으므로 그들이 생겼느니라 사 66:2

위 말씀은 이사야서 66장 2절의 상반절이고 전체 절을 보면 다음과 같습니다.

> 나 여호와가 말하노라 내 손이 이 모든 것을 지었으므로 그

들이 생겼느니라 무릇 마음이 가난하고 심령에 통회하며
내 말을 듣고 떠는 자 그 사람은 내가 돌보려니와

우리가 바로 그 손이 되어야 합니다. 예수님께서 산 돌이
되어 신령한 집을 세워 가시므로 무너지고 연약한 이들에게
소망이 되었듯이, 우리도 예수님의 반석 위에 세워진 하나
님의 전이 되어 실의와 슬픔에 빠진 사람들에게 산 소망이
되어야 합니다. 주님의 몸된 교회를 세우는 기초석이 되어
야 할 책임이 우리에게 있습니다.

나그네같이
살라

　《여자의 일생》을 쓴 소설가 모파상은 노르망디에 집이 있고 파리에 호화로운 저택이 있으며 은행에는 평생 쓰고도 남을 만한 엄청난 재산이 있었습니다. 누가 봐도 성공적인 삶을 사는 듯했습니다. 하지만 그는 1892년이 밝은 새해에 더 이상 살아야 할 이유를 찾지 못해 스스로 목숨을 끊는 시도를 합니다. 겨우 목숨을 살렸으나 이후 정신병자로서 고통스러운 삶을 살다가 43세에 생을 마쳤습니다. 그의 묘비

　　　　　　　　　　　　　　　떠남의 축복

에는 그가 평소 자주 하던 말이 쓰여 있습니다.

"나는 모든 것을 갖고자 했지만 결국 아무것도 갖지 못했다."

저는 모파상의 묘비를 보면 사도 바울이 생각납니다.

근심하는 자 같으나 항상 기뻐하고

가난한 자 같으나 많은 사람을 부요하게 하고

아무것도 없는 자 같으나 모든 것을 가진 자로다 고후 6:10

세상 부러울 것 없이 모든 것을 가졌던 모파상은 결국 아무것도 얻지 못했다고 고백했지만, 사도 바울은 아무것도 갖지 못한 가난한 자였으나 모든 것을 가졌다고 고백하고 있습니다. 모파상과 사도 바울은 전혀 다른 삶을 살았음을 이들의 고백에서 알 수 있습니다. 우리는 믿음의 가치관으로 산 사람의 삶은 이렇듯 다를 수밖에 없음을 배우게 됩니다. 세상 사람들은 힘들고 어려운 가운데서도 하나님의 은혜를 말하고 감사를 고백하는 믿는 자들의 모습을 도무지 이해할 수 없습니다. 전혀 다른 삶의 문법으로 인생을 살기 때문입니다.

이 다름 때문에 그리스도인은 세상에서 억울한 일을 당하기도 하고 고난을 겪기도 합니다. 신앙의 가치와 세상의 가치가 분명히 다르기 때문에 어쩔 수 없이 경험하게 되는 불이익이요 어려움입니다. 그리고 하나님은 그런 우리를 세상의 나그네라 부르십니다.

> 사랑하는 자들아 거류민과 나그네 같은 너희를 권하노니 영혼을 거슬러 싸우는 육체의 정욕을 제어하라 너희가 이방인 중에서 행실을 선하게 가져 너희를 악행한다고 비방하는 자들로 하여금 너희 선한 일을 보고 오시는 날에 하나님께 영광을 돌리게 하려 함이라 벧전 2:11-12

그리고 하나님께서는 그런 우리에게 세상의 나그네로 살려면 육신의 정욕을 멀리하고 대신에 선한 일을 행하라고 말씀하십니다. 그 이유는 우리가 거룩한 제사장으로서 하나

떠남의 축복

님의 영광을 나타내며 살아야 하기 때문입니다. 세상 사람들이 우리를 보고 하나님을 알게 하는 것이 우리의 책무이기 때문입니다.

하늘을 향하는 나그네로 산다고 하니까 세상과 완전히 단절되어 사는 것으로 오해하는데 절대 그렇지 않습니다. 우리가 사는 동안 여러 모양의 만남과 부딪힘이 있을 것이나 그런 중에도 우리는 나그네의 삶으로써 하나님 나라의 가치를 증거해야 합니다. 그러므로 하늘을 향한 우리의 떠남은 공간이 아니라 나의 욕심을 떠나는 것입니다. 더 많이 누리고 싶고, 더 많이 이루고 싶은 것을 떠나 더 많이 누릴 수 없고, 더 많이 이룰 수 없을 곳으로 옮겨 가야 합니다. 육신의 정욕을 멀리할수록 하나님의 영광은 더욱 가까워집니다.

하나님의 영광을 위해 살라

만일 그리스도인으로 고난을 받으면 부끄러워하지 말고 도리어 그 이름으로 하나님께 영광을 돌리라 벧전 4:16

전에 일본의 나가사키를 방문한 적이 있습니다. 나가사키짬뽕으로 더 유명한 곳입니다. 뼈 국물에 해산물을 잔뜩 넣은 나가사키짬뽕은 맛이 매우 좋습니다. 그러나 나가사키에는 이 짬뽕보다 더 유명한 것이 있습니다. 바로 순교자기

떠남의 축복

념관입니다.

일본에 기독교가 처음 들어가서 가장 먼저 순교자가 생긴 곳이 바로 나가사키입니다. 20명의 일본인 그리스도인과 6명의 선교사가 교토에서 출발해 한 달 동안 끌려다니며 고통을 받다가 마침내 나가사키에 도착해서 십자가 처형을 당했습니다. 이들을 기념한 곳이 순교자기념관입니다. 26개의 동상이 있는데, 이중 세 개는 당시 열두 살, 열세 살, 열다섯 살에 순교당한 어린아이 동상입니다. 그 어린 것들이 부모와 같이 끌려다니다 십자가 처형을 당한 것입니다. 이들 중 한 아이가 자기가 보는 앞에서 부모가 십자가에 달리는 것을 보고 핍박하는 자에게 이렇게 물었다고 합니다.

"내가 달려야 할 십자가는 어디에 있습니까?"

6명의 선교사 중 필리핀에서 온 로렌조 루이스(Lorenzo Ruiz)가 남긴 말도 있습니다.

"I would rather die a thousand deaths than renounce my faith."(믿음을 버리느니 차라리 천 번을 죽겠다)

차라리 천 번을 죽더라도 믿음의 길을 가겠다는 이 결단이, 이 헌신이 있는 곳에 하나님의 영광과 생명이 있습니다. 성경은 "형제들아 세상이 너희를 미워하여도 이상히 여기지 말라"(요일 3:13)고 말씀합니다. 세상이 미워하는 우리가 하나님의 영광이 되기 때문입니다. 하나님의 기쁨이 되기 때문입니다. 그것이 곧 우리의 믿음이 되기 때문입니다.

믿음으로 하나님께 내 삶을 의탁하고 맡기기 원합니다. 그때에 나타나는 하나님의 영광을 즐거워하기를 원합니다. 비록 고난의 길일지라도 끝까지 믿음의 사람으로서 하나님의 영광을 드러내는 삶을 살기를 원합니다. 우리 앞에 놓인 길은 막연하고 불확실하지만, 하나님이 주실 영광과 기쁨은 분명하기에 그 약속을 따라 담대히 걸어가기를 원합니다.

오늘도 그 길을 걷고 있는 수많은 하늘 나그네들을 통해 영광을 받으실 주님을 찬양합니다.

복음의 신을 신고 땅 끝까지 샬롬

마음 상한 자 가난한 자들 포로 된 자 갇힌 자

하나님의 사랑이 하나님의 복음이 필요한 저들에게

복음의 신 신고 평화를 전하며 자유를 선포하리

저들의 눈물 씻고 은혜의 해 선포해

하나님 나라 그 땅에 임하리

주의 부르심 따라 그 땅에 나아갑니다

십자가 그 사랑 아버지 눈물을 품고

주님 말씀하신 곳 우릴 부르신 그곳

복음의 신을 신고 땅 끝까지 샬롬

한승필 작사/작곡

순례자는 미래를 두려워하지 않고
지금을 즐기는 사람입니다.
그에겐 거룩한 목적지가 있기 때문입니다.

Epilogue

너무나 행복하고 감사했던 지구촌교회에서의 지난 9년의 축복을 뒤로하고, 저는 이제 아프리카의 영혼들을 위해 믿음의 길을 떠나려고 합니다. 저의 갑작스러운 사임 의사에 놀라고 서운했을 텐데 그럼에도 기도하며 저를 선교사로 파송해 주신 지구촌교회의 성숙한 믿음의 성도님들께 깊은 존경과 감사의 인사를 전합니다.

주를 섬겨 금식할 때에 성령이 이르시되 내가 불러 시키는 일을 위하여 바나바와 사울을 따로 세우라 하시니 이에 금식하며 기도하고 두 사람에게 안수하여 보내니라 행 13:2-3

떠남의 축복

최초의 이방인 교회였던 안디옥교회는 그들을 위해 수고하고 헌신하던 바나바와 사울을 하나님의 부르심을 따라 안수해 선교사로 파송했습니다. 이를 위해 그들은 함께 금식하며 기도했습니다. 우리 교회 역시 저의 사임 발표 이후 한 달 동안 순종을 위한 기도의 시간을 가졌습니다. 그 과정에서 저뿐 아니라 우리 모두가 아프리카 케냐를 위해 우리 모두를 부르시고 순종하길 원하시는 하나님의 마음을 알게 되었고, 하나님의 은혜 가운데 우리 교회가 한층 더 성숙해질 것을 기대하게 되었습니다. 그리고 무엇보다 저는 개인적으로 서로를 향한 깊은 사랑을 확인할 수 있어서 감사했습니다. 우리의 이 하나된 모습, 서로 신뢰하는 모습을 하나님께서 기뻐하실 줄 믿습니다.

저를 아프리카 케냐로 파송한 일이 지구촌교회의 선교적 지경이 넓어지는 계기가 되기를 바랍니다. 그리하여 하나님이 예비하신 더 크고 놀라운 축복의 자리로 나아가게 되기를 바랍니다. 이를 위해 기도하겠습니다.

오늘 우리 시대는 하나님이 원하시는 영향력을 끼치는 리더가 필요합니다. 저의 꿈도 제3세계 리더들을 세우는 것입니다. 가정과 일터에서 선한 영향을 끼치는 크리스천 리더들이 세워지고 또 그들을 통해 세워진 교회가 어둡고 척박한 땅 아프리카를 변화시키기를 바라고 있습니다.

떠남의 축복

이를 위해 'African Center for Global Mission and Leadership'을 큰 틀에서 계획해 보았습니다. 'African Center'가 정착되면 케냐를 포함한 아프리카 전 지역의 목회자들을 위한 리더십과 영성 훈련의 장(場)이 마련되고, 목회 현장으로 돌아간 그들이 다시 성도들의 영적 성장을 돕는 토착 리더십 훈련을 도울 수 있을 것입니다.

준비를 잘하는 것도 중요하지만, 지금까지의 사역이 그러했듯이, 케냐와 아프리카 땅을 향한 하나님의 뜻에 더욱 민감하고 그 뜻에 순종하며 나아가는 과정이 더욱 중요하다고 생각합니다. 하나님께서 저보다 더 열심히 제 다음 사역의 그림을 그려 가고 계시기 때문입니다.

아브라함의 비장한 믿음과 헌신을 보면 하나님의 전사라 불릴 만하건만 그는 하나님의 벗(약 2:23)이라 불렸습니다. 저는 그 아브라함을 제 믿음의 여정에 벗으로 삼고자 합니다. 그리고 축복의 삶은 믿음의 여정을 통해 주어지는 것임을 믿습니다. 그리고 오늘도 그런 믿음의 여정을 걸어가는 이들이 반드시 축복의 삶을 살아가길 소망하는 마음으로 아브라함이 걸었던 그 길을 따라 걸어 보려 합니다.

떠남의 축복